会えなくなっても、ずっといっしょ

家族とペットの10の奇跡の物語

ワニ・プラス

まえがき

私の子どものころからの夢は、大好きな動物の治療を行う〝獣医師〟になることでした。

獣医になって10年が経ったころのことです。私は自分自身の診療に〝ある違和感〟を感じはじめました。ペットの治療を行う際に、ついつい「病気の治療」にばかり目がいっている自分に気づいたのです。

そのころの私は、ペットや飼い主の気持ちをそっちのけで、痛がる注射や負担の大きな手術をしていました。ペット自身の気持ちや、ペットを大切に思う飼い主の気持ちを考えることなく、とにかく目の前の病気を治すことだけに無我夢中だったのです。

私はペットの診療を続けながら「病気を治した、病気が治った。ただそれだけでいいのだろうか？」「病気を治すのは当たり前の仕事で、もっとペットの気持ちゃ家族の気持ちにフォーカスすべきではないのか？」「できるだけペットの肉体にも精神にも負担をかけない治療法を模索すべきだ」「負担がかかるのはペットだけではない！　治療が終わるのを心配しながら待っている家族の心も癒やすべきなんだ！」などと悩みはじめました。

獣医学先進国アメリカには、通常の手術よりも出血が少なく短時間で終わらせることができる新技術があります。「その新技術を習得すれば、ペットの精神的負担も肉体的負担も減らせるのではないだろうか？」。そう考えた私は、経験を積んできたそれまでのペット診療を中断させてアメリカに渡りました。

アメリカでは、ペットに負担が少ない手術の新技術を学ぶほかに、実際のペット診療も見学することができました。そこで見たペット診療は、私が今まで見たり行ったりしていた診療とは大きく違いました。

何が大きく違ったのか？　それはコミュニケーションです。獣医師を含む動物病院スタッフ全員の、ペットと飼い主に対するコミュニケーションのとり方が素晴らしかったのです。うれしい結果のときには、獣医師と飼い主がハグをして喜び合います。悲しい結果のときには、別室に移って獣医師が飼い主の悲痛な叫びをじっくりと聞いていました。動物病院のスタッフ全員がそうでした。

ペットに対しても、不安にさせないよう触れたり話しかけたりします。治療もペットの病気や肉体的負担だけではなく、精神的にも配慮した選択肢を飼い主に提示し、飼い主の意見や気持ちをよく聞いていました。

そんな獣医師やスタッフの姿は、動物の病気を治しているというより、ペットと飼い主の心を癒やしているように見えました。

こうしてアメリカでは、ペットに負担の少ない新技術を習得しただけでなく、ペットと飼い主への接し方まで学ぶことができたのです。帰国と同時に、私もアメリカで感銘を受けた診療スタイルを実践しようと決意しました。獣医学をさらに深めるほか、心理学や哲学、さらには精神世界の知識にまで興味を持ち、学ぶことに没頭しました。

そして、再開したペット診療で学んだことを実際に生かせるよう、病気そのものだけではなく、ペットにも飼い主にも心から向き合うよう意識しました。

動物も、人間がひとりひとり違うように、その子その子で違います。まったく同じ命などありません。連れられてくるペットにとって、何が不安で何が嫌なのか。何に安心できて何が好きなのか。この子の肉体的負担とストレスを最小限にするにはどうしたらよいのか。私は、個々に観察し向き合いました。

もともと動物が好きで入った獣医の世界。いくら病気を治すためだといっても、愛する動物が痛い思いをしたり、ストレスを感じたりすることを望んでいるわけがありません。でも、以前の私は病気を治してあげたい一心で、そこに気づいていなかったのです。

そして、アメリカで学んだように、飼い主にも心を向けました。ペットに対して何か悩みはあるのか。治療に何か不安はあるか。望んでいることは何なのか。飼い主の話をさえぎって本心を聞き逃したりしないよう、表情を見ながらじっくりと話を聞くよう心がけたのです。治療に対する喜びも悲しみも共有してもらい、飼い主の気持ちに共感して寄り添いました。

そうすると、飼い主がペットをどれだけ愛しているのか、ペットがどれだけ飼い主を信頼しているのかが、手に取るようにわかるようになってきたのです。飼い主とペットの深い関係性を感じられるようなり「双方には言葉を通り越した心のつながりがある！　愛の絆があるんだ！」――精神世界の学びも深めていた私は、そう確信しました。

この絆を確信すると、今度は「この飼い主とペットの深い関わりのもとには何があるのか？」といったことにも、強い興味がわいてきます。飼い主にたくさん質問をして、ペットとのエピソードを教えてもらうようになりました。飼い主とペットの間には、それぞれのドラマがあります。お互いの生い立ち、出会い、関係性、与えたもの、与えられたもの――そうしたドラマを知ることで、ますます、飼い主とペットの気持ちにフォーカスした治療を模索するようになりました。

深い関わりのドラマは、過去だけでなく現在進行形で続きますが、良いことばかりではありません。ときには、ペットの最期に関わる辛い選択をしなくてはいけないこともあります。そんなときは、飼い主の悲痛な思いに寄り添うのはもちろんのこと、精神世界の観点からの助言もさせていただきました。獣医学と精神世界を融合させた私の助言を、たくさんの方が受け入れてくれました。ペットの存在に感謝しながら、一緒に運命と闘ってくれたのです。闘いが終わったあとは、ありがたいことに感謝の言葉をたくさんくださり、明るい未来を信じてその後の人生を歩んでくださっています。

この本では、こうした関係性の深いペットと飼い主を事例とともに振り返り、「ペットとともに幸福でいるためにはどうしたらよいのか？」を紹介していこうと思います。

主に「ペットと飼い主の本来の関係とは何か？」「ペットと飼い主は深い絆でつながっている」「動物を飼ううえで人間の本当の役割とは？」「ペットが病気になる深い意味とは？」「ペットと幸せな人生を送るにはどうすればいいのか？」など、精神世界の観点からの助言をまとめました。

これから新たにペットを飼う人、そしてすでに飼っているみなさんの助けとなれば幸いです。ぜひ、ペットとの絆を築いて、日々深め合う参考にしてください。

世の中のすべてのペットと飼い主の、真の幸福を願って――。

関　まさひろ

※本書に登場する飼い主さん、およびペットの名前は仮名としました。

もくじ

1章

ロン

15年ともに暮らした犬を失った悲しみの底で、感謝の光を見つけた女性の話

別れを受け止めるということ

「先生！　食欲がほとんどなくて何も食べてくれないんです。どうか、ロンを助けてやってください」

暮れも押し迫ったある夕方、老犬を両腕に抱え、吉田さんという女性が必死な様子で当時の私の病院を訪れました。小学生の息子さんも一緒でした。

ロンは15歳になる雑種の老犬で、肋骨が浮き上がるほど痩せ、足元もおぼつかず、立っているのが不思議なくらいでした。

雑種犬特有の生命力でしょうか、フラフラしているのに座り込まないよう必死で踏んばっていました。これまで通っていたかかりつけの獣医師には「もう高齢ですので、大きな検査や手術などは避けましょう」と言われていたそうです。軽い血液検査と点滴、痛み止めや抗生剤の投与など、現症状を改善させる「支持治療」というものを行い、吉田さんは「これで元気になってくれる」と思っていたようです。しかし、病院に通い続けてもロンの状態はどんどん悪くなる一方でした。不安になり、かかりつけの先生に訴えたところ

「この病院でできることは限られています。もっと進んだ治療を求められるのでしたら、ご自身で先進医療をやっている病院を探していただくしかありません」

と言われ、必死にインターネットで探して当時の私の病院を見つけ、来院したとのことでした。動物病院の世界で先進医療というと、CTやMRIなど高度な医療機器を配備して、多数の専門獣医師がいる大きな施設が思い浮かぶと思いますが、当時の私の病院は決して大きな病院ではありません。ただ、アメリカで習得した新しい手術を行っているということで選んだようでした。

超音波で見てみると、肝臓に大きな腫瘍ができていました。残念ながら末期のがんで、すでに他の臓器を含む全身に転移が見られ、残念ながら手の施しようがない状態でした。

「本当に残念ですが、これはもう運命です。受け入れるしかないと思います」

私は病状を丁寧に説明し、やむなく手遅れであることをお伝えしました。かかりつけの病院から「がんの可能性がある」とは聞いていたそうですが、あらためて宣告された吉田さんは、大粒の涙を流しはじめました。息子さんの方は、まだ幼くて「がん」というのはどういったものかよくわからない様子でしたが、お母さんが泣いていて、もう治らないということをなんとなく理解したのだと思います。うつむいて、同じように涙をぬぐいはじめました。

できる治療はもう限られていました。あとは、いかに肉体的苦痛をなくせるかです。老犬のロンは、そのまま入院して緩和ケアを行うことになりました。食欲がなくなることによる脱水症状を改善するための静脈点滴と栄養剤、痛み止めや吐き気止めの注射、体温が下がらないように保温しながらの体調管理をしていきました。ロン自身の「精神的不安」をできるだけ緩和することも大切な治療です。そのため、可能な限りロンの家族である吉田さんと息子さんに面会してもらいました。吉田さんは毎日昼間に病院に足を運び、息子さんが学校から帰ってきてから、またふたりで来院することもありました。吉田さん母子は面会時間ギリギリまでロンと時間をともにし、頭や身体をなでて話しかけていました。ロンは弱ってはいたものの、家族が来るたび一生懸命に尻尾をバタバタさせて喜んでいました。やはり体は辛くても家族といると安心するようです。家族が来ていない時間は、スタッフが少しでもロンに安心してもらおうと「大丈夫？」と声をかけながら体のチェックをし、できるだけこまめに「もうすぐお母さんたちが来るからね」「どっか痛くない？」と言葉をかけて、人の気配を感じてもらうようにしました。

「そのとき」に向かって、刻一刻と時間は流れていきました。

最期の1秒まで愛で包んで見送る

入院のはじめのうちは、フラフラしながらも立っていたロンですが、日に日に体力がなくなり、座ったり横になったりすることが多くなりました。ついには横になったまま、立てなくなってしまいました。寝たきりの状態で体が弱っていき、排尿もシーツやオムツにそのまませざるを得なくなりました。家族が来ると、横たわったまま力なく尻尾を動かし、クンクン鳴いていました。

そのうちどんどん衰弱し、意識も朦朧《もうろう》となり、とうとう尻尾を動かす力も声を出す力もなくなってしまいました。それでも家族が来るのだけはわかるらしく、声をかける母子に視線を向けるなどしていました。その様子から、本当に強い絆で結ばれている家族であることが見てとれました。このロンは、まだ子犬だったときに動物愛護施設で保護されたところを、吉田さんが引き取り、そのまま15年間、家族として一緒に生活してきたとのことです。

ペットが病気やケガをしたとき、辛いのはペット自身だけではありません。不安を抱えている飼い主の辛さもとても大きいのです。我々獣医師の大事な仕事は、もちろんペットの治療をすることです。ペットの病気やケガを治すことは、獣医師として大前提のこと。しかしペット自身の治療と同時に「飼い主の心の不安を可能な限り軽くする」ことも獣医師の重要な仕事であると、私は思っています。

最近の獣医学では、高度医療や先進医療ばかりが注目され、病気を治すことだけに目が向いているように感じます。しかし、たとえペットの病気が治っても、治療中、何週間も離ればなれになると家族は心配です。一方で家族が治療に満足しても、肝心のペット自身が大きな負担を強いられ、精神的苦痛をともなうようではいけないのです。

今回のケースのように、すでに治療の施しようがない状態の場合には、それを「運命」として捉えるしかありませんが、その運命のなかで、できる限り痛みや苦しみなどの肉体的苦痛を楽にし、精神的な苦痛も和らげてあげることが大切だと感じています。できるだけ飼い主に立ち会ってもらって一緒の時間を過ごしてもらう。本来ならば入院ではなく、ずっと飼い主と一緒にいられる環境が最適です。しかし現実的にはなかなか難しく、やむなく入院してもらうケースもでてきます。そのようなとき、私は飼い主に「できるだけ面会に来てあげてください」と勧めています。

獣医師も飼い主も含め、最期を看取る人間は大きな愛情をペットに向け、ペットもその愛情を受け取って、最後の1秒まで深い絆を感じながら命を全うする。それがあるべき姿なのです。

悲しみの感情はそのまま吐き出していい

ロンは、朦朧とした意識のなかで、入院から約1週間頑張り続けました。呼吸はとても浅く、そして速くなっていました。目の動きでしか気持ちを表現できなくなったロンは、見守り続けた家族の前で、弱りきった力をふり絞って「クーン」とひと声鳴きこの世を去っていきました。

吉田さんと息子さんはその場に崩れ落ち、大声で泣きじゃくりました。スタッフたちも涙が止まりません。意外に思われるかもしれませんが、獣医師もスタッフも、すぐそばにいる動物の目の光が消えて魂が抜けてこの世を去る瞬間には、涙を流さずにはいられないのです。

泣きつくした息子さんは肩で息をしながら空を見つめていました。命がなくなる瞬間を目の当たりにして、放心状態になっていました。

一方、吉田さんは我を忘れてなりふりかまわず、叫び続けました。かかりつけの獣医師に対して、

「どうしてあの先生は、年だからやれることはないなんて見捨てるようなこと言ったの！」

「あの先生が早いうちにしっかり診断して治療してくれていれば、こんなことにならなかったのに！」

と、泣きじゃくりながら叫んでいました。これは吉田さんの正直な感情ではありますが、老犬の場合「高齢だから見守りましょう」というのも選択肢のひとつです。決して間違った判断というわけではなく、実際、老犬の体力を考えて見守りを促す獣医師も多くいます。また、他の動物病院の対応についてあれこれ言える立場でもありません。しかし、とにかく「そうか、そうか」と聞くことだけに徹して、言いたいことをすべて吐き出してもらいました。それでも彼女の嘆きは続きます。

「なぜ調子が悪くなった時点で、もっといろいろ病院を探さなかったんだろう？」

「私が最初から、細かく検査してくれる病院を見つけていたらよかったのに！」

「もっと早く、ちょっとしたロンの変化に気づいてさえいれば、こんなことにならなかったのに悔しい！」

今度は泣き叫びながら自分自身を責めはじめたのです。彼女は錯乱状態に陥っていました。母ひとり子ひとりの家庭環境だったこともあり、吉田さんとロンとの関係は特に深かったのでしょう。私はとにかく彼女の叫びを聞き続けました。

時間が過ぎ、なんとか吉田さんの気分が落ち着きはじめたころ、私は親子に、いったん待合室に移動してもらいました。私はスタッフと一緒に、ロンの体をきれいにして、再度汚物などがついていないか確認し、毛もブラッシングで整えて、静かに動物専用のお棺に納めました。さらにお花を飾り線香を添え、すべて整った状態で再び吉田さんと息子さんを呼びました。受付スタッフによると、待合室のふたりは、うつむきながらずっと泣き続けていたようです。入ってきたふたりに、きれいに整った状態で棺に眠るロンを見てもらってから蓋を閉め、ふたりが乗ってきていた車のなかまで運びました。運転席に座った吉田さんの様子をうかがい、落ち着いて運転できる状態かを確認して、帰路についていただいたのでした。車が発進すると、最後まで頑張ったロンと精一杯の愛情を注いだふたりを、スタッフ全員で深く頭を下げてお見送りをしました。車が見えなくなっても、頭を上げる人はしばらくいませんでした。

長年生活をともにした愛するペットが亡くなったとき、「ペットロス」の悲しみ、苦しみに打ちのめされるのはよくあることです。今までの、愛情たっぷりの幸せな毎日が一瞬で失われてしまうのですから、感情が乱れ、取り乱すことがあってもそれは仕方のないことです。悲しみに打ちひしがれたときには、まず「感情をそのまま吐き出す」ことをしてもらいたいと思っています。決して寂しさや苦しさを我慢してはいけません。亡くなった直後から、少しずつ気持ちが落ち着くまで、いったんはすべての感情を出し切っていただきたいのです。

ただ、それをいつまでも引きずり、自分の生活や周りの環境にまで影響を及ぼしてしまうほど落ち込んでしまうのは良くありません。こうした形のペットロスは、本人にとっても家族にとっても深刻なものです。そうならないために、亡くなったときには、その悲しみを決して無理に抑制しようとしないでほしいのです。

いつまでも悲しみ続けていたら、亡くなったペットも悲しんでしまいます。あの世を謳歌できず、飼い主を安心して見守ることができなくなってしまいます。

ペットと飼い主の絆が深いことは、決して悪いことではありません。人間とペットは、その深い関係を築くために出会っているのです。ですから思いきり泣いてください。想いを馳せてください。そして、心のなかで抱きしめてあげてほしいのです。

楽しかった日々こそが宝物

ロンが亡くなった数日後、私は吉田さんに電話をかけました。声を聞くと、日常の生活や仕事で、ほんの少しだけ亡くなったペットへの苦しい思いは薄れているように感じました。しかし、それも最初の数分間だけで、話しているうちに悲しみがぶり返したのでしょう、電話口で泣きはじめてしまいました。

そこで私はこう話しました。

「悲しいときは我慢しなくてもいいんですよ。忘れようと努力する必要はないんです」

「でも、幸せな生活がなくなったなんて思わないでください。あの子と暮らしてきた日々こそが幸せの証しなんです。そして宝物なんですよ」

「今まで、たくさんの楽しみと感動と癒やしを、あの子からもらってきたでしょう？　それがあの子の生きてきた意味なのです」

吉田さんは泣きじゃくり、鼻をすすりながら

「そうですね。そうですね」

と、嗚咽《おえつ》をこらえながら聞いてくれていました。

「ペットの姿は見えなくなっても、魂は違う次元で生き続けていると信じてください。飼い主が亡くなるときにも、ともに愛を与え合ってきたペットがきっと迎えに来てくれます。きっといつかは再会できると信じてください。だから、今までの楽しい思い出をつくってくれたあの子に感謝をしましょう」

そう話して、電話を切りました。これは、決してなぐさめるためだけの話ではありません。ペットとして愛され飼われていた動物以外は死後に個別性がなくなり、グループスピリット(集霊)といった「魂が集合した大きなまとまり」に吸収されます。しかし、人間に愛されていたペットだけは、死後しばらくの間、高位の霊的存在のはからいによって生前の姿を維持し、飼い主が死後の世界に行ったとき、再会することができると言われています。死後のつながりを維持するためには、愛のエネルギーが必要なのです。

ロンが亡くなって1週間が過ぎたころ、今度は吉田さんから電話がありました。決して明るくはないけれども、比較的穏やかな声で彼女はこう言いました。

「先生の言葉を聞いて、少しだけ心が軽くなりました。最期の瞬間を見たときには気が動転して、感情が爆発してしまったんです。あのときは泣きわめいてしまって、本当にすみませんでした。お恥ずかしいところをお見せしてしまいました」

少し落ち着いた様子でしたが、話しているうちに再び言いようのない喪失感がわき出てきたのか、すすり泣く声が聞こえはじめます。いまだに思い出すたびに、悲しみが押し寄せて、心が壊れてしまうようです。

電話は、その後もときおりかかってきました。あるときには彼女は

「生きていくのが辛いです」

と電話越しに弱々しくつぶやき、沈黙してしまいました。

私はこう伝えました。

「あの子は、あの世からあなたがた家族を見守っていますよ。あなたが悲しみで暗い毎日を送っているのを見ているのは、あの子にとっても辛いと思います。悲しむよりも、今まで長い間、自分たちにありったけの愛と感動と癒やしを与えてくれてありがとうって、も

う一度感謝しましょう。それが一番の供養になりますからね」

吉田さんはすすり泣きながら、「そうですね、そうしなくてはいけませんよね……」と聞いてくれていました。

「あの子はあなたの心のすべてを知っています。ペットは言葉をしゃべれない分、心のつながりが深いんです。ペットは特殊な能力を持っているんですよ。むしろ言葉をしゃべれる人間同士の方が、表面だけの関係で終わらせることが多いんです。思い出してみてください。あなたが人生で辛い思いをしたときには、あの子が顔を舐《な》めてなぐさめてくれましたよね。とても嬉しいことがあったときには、あの子も一緒になってはしゃいで喜んでくれていましたよね。絆の強いペットと家族は、言葉を超えた深いつながりがあるんです。言葉がなくても会話できるんですよ」

ここまで話すころには、すっかり、すすり泣きはおさまっていました。

「あの子が亡くなった今、あなたたちが前向きに明るく生きていけば、亡くなったあの子にもそれが伝わり安心するんです。だから、辛い瞬間だけにとらわれず、良い過去を思い出して、今この瞬間を一生懸命生きていればみんなが幸せになれます。これから前を向いて、一瞬一瞬を大切に生きていきましょう」

こう伝えると、涙声ながらも
「わかりました。私たち、頑張ります」
と最初のころよりもだいぶ明るい声で答えてくれたのです。

ペットは、飼い主の人生をより幸せにしたり、家族をつなぐといった重要な役割を担ってくれています。この世での役割を終えたペットはあの世で、飼い主がこれまでの絆を新たな人生の糧にしていくことを願っているのです。ですから、いつまでもクヨクヨし続けて前に進めなかったり、後を追いたいなどと考えていたら、亡くなったペットは強い悲しみを抱きます。亡くなったペットたちは、愛する飼い主のそんな姿なんか望んではいません。彼らが望んでいること、それは飼い主が自分との幸せな思い出を励みにして、その後の人生を、めいっぱい楽しんで幸せに生きていってもらうことなのです。

だからこそ、ペットが亡くなったときの悲しみは、どんなに深いものであろうとも、あまり長引かせすぎず、ペットがくれた幸せを無駄にしないよう立ち上がって、しっかりと生きていってほしいと思うのです。「立ち直ること」は「忘れてしまうこと」「ペットが悲しむこと」ではないのです。

いつか別れる運命だからこそこの瞬間を大切に生きる

ロンが亡くなって1カ月が経ったころ、吉田さんから病院に1通の手紙が届きました。「拝啓、先日は励ましのお言葉をありがとうございました。先生の言葉は、自分の人生を変えてくれました。前向きに生きる自信がつきました。実は、新しい家族を迎えました。今度、先生の病院に連れて行って診てもらいたいと思っています。先生は、ペットの病気を治すだけでなく、家族の心も癒やせるのですね」

この手紙を読み終え、嬉しさが胸いっぱいに込み上げてきました。私はもともと「獣医師の仕事は、ペットの病気を治すだけではない。そのペットと一番絆の強い飼い主の心も、なんとか癒やしてあげたい。大切なペットが亡くなってしまった際には、飼い主の心に光をあてたい」という思いで、向き合ってきたからです。

私の気持ちが伝わり、彼女の心に明かりが灯《とも》ったことに感激してしまったのです。ひとりの飼い主の救いになれた。「ああ、この仕事をしていて本当によかった!」。そう思えた瞬間でした。その後、吉田さん母子が新たに迎えた家族を健康診断に連れてきてくれました。元気な姿に、私も本当に嬉しくなりました。

私は獣医師として約20年間、臨床の現場で多くのペットとその家族を見てきましたが、このケースでは、自分の信念からこうでありたいと努めてきた獣医師としての役割を十分に果たせたように思います。

人間がペットを飼うとき、いつか必ず別れがやってきます。多くの場合、先に逝ってしまうのは人間より寿命の短いペットです。ペットを飼うということは「最期を見届ける責任」を果たすことでもあるのです。

ペットが若いうちはまだいいですが、人間と同じように高齢になれば病気にもなります。その際には、治療費もかかることでしょう。動けなくなったペットに対しての愛情も手間も、それまで以上にかけなければいけません。こうしたことも、飼い主のペットに対する責任のうちです。そして、そのペットにとって、最期のときをどのように迎えてもらうのがいいのかを、一生懸命考える。さらに、飼い主としてどのような姿勢で看取《みと》るべきかに向き合う。ペットにとっても、飼い主にとっても、その絆が決して揺るがない形でペットの最期を見届ける。

これが飼い主として、ペットの「最期を見届ける責任」ではないかと考えています。

だからこそ最期を見届けた飼い主の喪失感は大きなものになるのです。ペットが亡くなるときの悲しみは避けては通れるものではありません。しかし、ずっと悲しみを引きずり、「あの世」のペットを悲しませないためにも、なるべくペットロスの状態を長引かせないような心持ちを、ペットが生きているうちにつくっておくことが大切です。

「諸行無常」という言葉の意味を理解しておくことも大事だと思います。万物は「常に移り変わるものである」ことを認識するのです。年老いていくにつれ、人間の見た目や体の中が若いときとは変わっていくように、すべてのものは変化し、同じ状態を維持することはできません。人間の人生も、文明も、暮らしも、動物も、植物も、すべては常に移り変わり、同じところにとどまることはないのです。その現実を認め、受け入れておきましょう。

ペットが病気になったときも、最期の瞬間を見届けたあとも「これが、この世の当たり前のことなんだ」という覚悟を心のなかに持っていれば、気持ちは多少なりとも和らぐはずです。

こうした覚悟を持つということは、逆に言えば、はかない一刻一刻がどれほど大切かを知ることでもあります。永遠に一緒にいることができないペットとの一瞬一瞬を、いかに幸せに過ごせるか、愛を持って過ごせるか、を考えてください。そうすれば、自分が愛情をかけ、ペットが愛を受け取ってくれて幸せだった思い出だけに思いを寄せることができるようになります。辛いながらも感謝でお別れができるのです。

亡くなったとき、悲しみの感情は思い切り出していいのです。でも、ペットが生きているときから諸行無常の覚悟を持っておくことで、自分自身の生活や周りの環境を壊すことなく、ペットへの感謝を糧にその先を生きる。これこそが大事であると私は考えています。そして、それが家族を置いて先立つペット自身も望んでいることであると思うのです。

2 章

レオ

3本脚になってしまった犬とともに生きた夫婦の話

避けられない運命

「脚を引きずるようになってしまって……。とても痛そうで、散歩にも行きたがらなくなったんです」

梅雨のある日のこと、60代ぐらいの藤田さんご夫婦が大きなラブラドールレトリバーを連れて来院されました。9歳になるオスで、名前はレオ。

ご夫婦によると、脚を引きずりはじめてから徐々に餌を食べるのに時間がかかるようになり、餌を残すようになってしまったそうです。

診察してみると、左前脚に体重がかけられず、手首より上の「橈骨《とうこつ》」とよばれる骨のあたりが、体毛の上からでもわかるくらいに腫れています。橈骨は、四つ脚動物の前脚を構成する骨です。私は嫌な予感がしました。最悪の病名が頭をよぎったのです。

患部のレントゲンを撮ってみると、その腫れた部位の骨が破壊されています。そして、破壊されている部分には、まるで毛羽立っているかのように病変が広がっていました。一見しただけで、その部分の骨が、何か正常ではないものに完全に侵されていることがわかる状態でした。

他の部位への影響を診るために、胸のレントゲンも撮りました。こちらは幸いにも異変は見当たりませんでした。さらに、全身の状態を調べる血液検査をしたところ、アルカリホスファターゼとよばれる酵素の値が非常に高くなっています。ますます「最悪の病気」の可能性が高まりました。

麻酔をかけて太い針を刺し、骨が変化しているあたりの組織の一部を採取しました。採取した組織は病理検査センターの病理専門医に送ります。検査結果が出るまでに10日ほどかかるので、結果が出るころに再度来院するようお伝えし、ご夫婦はいったんレオを連れて帰りました。

数日後、病理検査センターから病院に検査結果が戻ってきました。結果は、私が疑った病気に間違いありませんでした。病名は、骨肉腫。私はすぐさまご夫婦の自宅に電話をしました。最初に電話に出られたのは奥さんでしたが、検査結果が出たことを話すと、先に聞く勇気を持てなかったのでしょうか、ご主人に代わられました。骨肉腫であることをお伝えすると、

「やっぱり、そうでしたか」

と、静かにつぶやきました。ご夫婦とも、検査時の私の様子から「良くない病気かもしれない」と、ある程度覚悟をされていたようでした。それでも「軽い病気であってほしい」と願っていたのでしょう。その声はかなり残念そうで、落胆されていた様子でした。

「病気の詳細と今後の治療法について、くわしく説明させていただきたいと思います」

私はできるだけ早いうちの来院を促して電話を切りました。

「断脚」への迷い

後日、藤田さんご夫婦がそろって再び来院されました。おそらく、お子さんはすでに独立されていて、おふたりでこのレオを家族同然にかわいがっていたのではないかと思います。私は、ご夫婦が座って落ち着かれたのを確認し、このレオに巣くっている病気の説明をはじめました。

「骨肉腫は悪性の骨腫瘍で、大型犬に多いとされています。多くのケースで肺に転移し、数カ月で亡くなります」

そう告げると、ご夫婦はもう受け止める覚悟があったようで、何も言わずに何度か頷きました。ただ、病気についてくわしく知りたいというお気持ちが強く、

「何が原因でこうなってしまったのでしょうか？　飼い方が悪かったのでしょうか？」

「余命はどれくらいでしょうか？」

「これから、どんな経過をたどるのでしょうか？」

と、さまざまな質問がありました。

「そもそも、骨肉腫に限らず、すべての病気のおおもとには3つの原因があると私は考えています。それは、遺伝と環境と食事です。今回の骨肉腫は、原因がいまだはっきりとわかっていませんが、人間の場合はがんの発生を抑える遺伝子の異常が関与しているとも言われています。犬の場合では、大型犬に発生が多いことから、こちらもなんらかの遺伝的背景がある可能性があります。ですから、決して今までの飼い方などに問題があるわけではありません。むしろ、良い環境で生活してきたと思います。ですからこれは、運命としか言いようがありません」

「余命は、まったく何もしなければもって3カ月くらいです。現在、肺への転移は見られませんでしたが、骨の変化は明らかです」

など、ひとつひとつの質問にできる限り誠実に答えていきました。ご夫婦は、私の説明を「一言一句聞き漏らすまい」といった様子で、それは真剣に聞いてくれていました。

ひと通り病気の説明をしたあと、今後の治療方法についても説明しました。

「現在のところ脚の切断、つまり断脚手術と化学療法の併用が最善策になります。化学療法は、抗がん剤の投与をしていきます」

こうお伝えすると、ご夫婦ともに顔を見合わせて

「えっ？　脚を切るしかないんですか⁉」

とビックリしてしまいました。「断脚」という言葉に強い抵抗があったようです。脚を1本なくすのですから抵抗があって当然です。

「骨肉腫は肺などに遠隔転移しやすく、全身に広がっていきます。悪性度の強いがんですから、放っておいたらすぐに転移を起こしてしまいます」

と状況を説明し、

「犬は人間と違いもともとが4足歩行なので、3本脚でも歩行に適応できる場合がほとんどです。断脚することによって苦痛のもとである骨の痛みから解放されます。痛みから解放されれば、食欲も出て気分も良くなり、元気を取り戻すことが多いんです」

とお伝えしました。ご主人は
「そうだよな、３本あればバランスは取れるし、これまでだって、お手をしながら３本脚で立って、おやつをねだっていたのだし……」

自分で自分を納得させるようにつぶやきました。しかし、そうはいってもすぐに納得できるものではありません。いつも走り回っている愛犬の姿を思い出したのか、ご夫婦とも
「もう、前みたいに走ったりはできないんでしょうか？」

「散歩で会う人たちにかわいそうだと思われたりしませんでしょうか？」

と心配しはじめました。そこで私はこう伝えたのです。

「お気持ちはよくわかります。でも、周りのことを気にしてしまうのは、人間側の意識の問題です。動物としてはたとえ３本脚でも、辛い痛みから解放されて好きなように歩ける方が嬉しいと思いますよ。先ほどお伝えしたとおり、３本脚になっても、自由に歩けるようになる適応能力があるんです」

ご夫婦には、見た目の大きな変化への恐怖があるようでした。そして、もしも３本脚で歩けなかったときに「体の大きなレオの面倒をどうやって見てやればいいのだろう」という心配もあり、迷いに迷っていました。私はさらに、辛い現実をお話ししました。

「もし断脚をしなかった場合、脚の骨周辺はがんで腫れ上がり痛みはもっと激しくなります。散歩どころか食事もほとんどできないくらいになってしまうでしょう。やがてがんが肺に転移して呼吸が苦しくなり、最後には亡くなってしまいます」

ご夫婦は、深刻な顔をして聞いていました。私はそのまま説明を続けます。

「手術後の抗がん剤治療によって、生存期間が延びる可能性があることも知られています。さらに言うと、新しい技術で手術をすることで日帰りが可能です」

そうすると、ご夫婦とも

「え？　日帰りで手術ができるんですか？」

と、驚かれていました。

「はい。術後は傷口を舐めないように注意して過ごし、抜糸がすんだら3週間に1度の抗がん剤投与を行います。体調チェックがてら来院していただいて、少しずつ慣らしながら散歩に行っても大丈夫です。うまく抗がん剤の効果が出てくれれば、1年近く頑張る子もいます」

そう話して、説明を終えました。ご夫婦は、断脚と抗がん剤が今できるベストな治療であることを理解してくれたようでした。しかしご夫婦の葛藤は激しく、この日に手術を決断することはできませんでした。

優先すべきはペットの苦痛を和らげること

その日から、ご夫婦は頭を悩ませて話し合いをされていたようです。3日後、ついにご主人から電話がありました。

「あの子を見ていると辛そうで痛みはなんとかしてやりたいのですが、どうしても決断できないんです。何度も申し訳ありませんが、治療についてもう1度だけ説明していただけないでしょうか?」

と話されました。私は、このご夫婦の心の重荷を少しでも軽くしたいと思いました。痛みに苦しむペットも辛いけれど、そのペットを見ている飼い主も辛いのです。

「ご家族にとっては、断脚となれば大きな抵抗はあると思います。それは、人間側の意識からすれば当然のことです。人間の骨肉腫では、脚を残して人工の骨に替える方法や別の骨を移植する方法があるようですが、動物の医療では残念ながらまだその方法は確立されていません」

私はそう前置きして続けました。

「現在のこの子は骨が壊されて強い痛みがあり、その苦痛は想像を絶するほどでしょう。運動ができず食欲が落ちるのは痛みのせいです。ですからその痛みのもとである病変を取り除き、取った場所から再発するリスクをできるだけ減らすためには、腫瘍のある脚を切除する必要があるのです。手術後は痛みから解放され、気分が良くなり食欲も出て元気になることがほとんどです」

私は実際に何例もの断脚手術をしてきましたが、ほとんどの動物が術後、明らかに元気になっている様子を見てきました。だからこそご夫婦に少しでも安心してもらおうと言葉を続けました。

「以前にもお伝えしましたが、動物はもともと4足歩行ですので、ほとんどの場合、3本脚になってもすぐに歩行に適応できます。特に、新しい技術で手術をすると、手術中ほとんど出血することもありません。切った神経の断端も、器械によってシールされ閉じられるので術後の痛みが少なくすみ、その日のうちにお家に帰れます」

私は、そう説明していきました。ご主人は、静かに私の話を聞いていました。最後にもうひとつ、ご主人から質問がありました。

「この手術をしても完全に治るわけではないんですよね？」

「はい、残念ながら。考え方はふたつあります。このまま積極的な治療はせず自然の成り行きにまかせるか、それともできるだけの治療をしてあげて、現在および今後の苦痛から少しでも解放してあげるか。それと……」

次の言葉に、私は少し迷いがありました。というのは、このあとのセリフはあくまでも、私個人のペット人生論で、「ペットと幸せに生きていくための教訓」だからです。一般的な獣医師なら、科学的・医学的な話しかしないでしょう。でも私は、思い切って話してみようと思いました。

「これからお伝えする話は、信じられないかもしれません。でも、これは私が長年動物たちを助ける仕事をしていて感じてきた考えですので、聞いていただけたらと思います。ペットは、病気などでたとえ歩けなくなっても、ちゃんと幸せを感じているんです。家族と一緒に駆け回ったりすることはできなくなりますが、その分、今まで以上の愛情を家族みんなから注いでもらえるからです。これまでよりもっと愛され、大事にされていることをちゃんとわかって、それを幸せだと思っている。家族も、病気のペットを今まで以上に愛することができます。頑張って生きていてくれて、そばにいてくれているだけで、感謝できるんですよ」

ご主人はずっと静かに聞いていてくれていました。真剣に私の話に耳を傾けてくれている熱が電話越しに伝わってきていました。

「毎日毎日、愛するペットにその感謝を伝え、声をかけ続けることで、ペットはより長生きできると私は信じています。だから、ぜひ今回の病気でどんな治療をするにしても、できるだけ落胆せず悲しまずに、ペットの残りの人生の一瞬一瞬に感謝して、愛情をいっぱい注いであげてください。治療の途中には、辛さや不安などいろんな感情が出てくることもあるかもしれません。でも、それらも全部ひっくるめて、ご家族の人間的な成長、そして魂の成長となるのです。それを信じて、今まで以上に愛してあげてください。きっと良いことが起こりますよ」

少しの沈黙のあと、ご主人が確実に覚悟を決めたように言いました。

「ありがとうございます。手術をお願いします。先生、あの子を痛みから解放してやってください」

電話の向こうで奥さんも同意されたようでした。ご主人の声から「これから、この子の病と闘うんだ。絶対に支えていこう」というご夫婦の決意が伝わってきました。

手術の直前まで家族と一緒

手術当日になりました。大切な家族の手術、この日もご夫婦がそろってレオを連れてきました。待合室に入ったレオは、脚の痛みがよほど激しいのでしょう。脚を引きずり、頭を上下させながらやっとの思いで歩いていましたが、すぐに床に顎《あご》をつけて横になってしまいました。その後、再度レオの身体検査をして状態をチェックしたあと、私はふたりに話をしました。

「私が手術をするとき、もっとも大切にしていることがあります。病変部を確実に取り除いて、できるだけ早く終わらせることは大前提です。そのうえで安全に手術を行い、そして飼い主のご家族も安心して、穏やかな気持ちで手術が終わるのを待ち、そして再会できることこそが一番大事だと思っています。手術で腫瘍を取り除くことだけに集中してしまい、ご家族の気持ちは忘れてしまいがちになる場合もあるかもしれませんが、それではいけないと私は思っています」

「ですから、手術を受けるこの子も、おふたりも、どちらも安心していられるように、手術準備に入る直前まで一緒に過ごしてください。そうすればこの子は、家族と離れたと思ったときにはウトウトと眠くなり、麻酔で深く眠っているうちに手術は終わっている。麻酔から覚めれば痛みもあまり感じず、すぐにお父さん、お母さんと一緒に家に帰れる。そういう手術をしたいと思います。私がアメリカで学んだ新しい手術法は、出血が少なく術後の痛みが少ないので、麻酔から覚めるとすぐに3本脚で歩きはじめて、家路につけることも多いのですよ。ですから、安心してください」

こう説明すると、ご夫婦は大きく頷きながら
「ありがとうございます。よろしくお願いします」

と言い、少し落ち着いた様子でした。

身体検査と説明が終わったあと、ご夫婦とレオには、小さな診察室で手術直前までの時間を一緒に過ごしてもらいました。この部屋で術前の点滴や注射をするのですが、レオは、大好きなお父さんとお母さんがそばにいることに安心している様子で、とても落ち着いていました。ときおり頭を上げてはご夫婦の顔を見ています。

手術の時間が来ると、ご主人と私で抱きかかえて手術室まで運び、台の上に横たえました。台の上のレオは、顎をペタッと台につけ、目だけでご夫婦の姿を追っていました。この手術室で血管に入れた管から鎮静剤を入れて、消毒などをするのですが、家族とはその準備直前に一度お別れをしてもらいます。

「先生が痛くないように手術してくれるからね」

「起きたらすぐに迎えに来るからね」

ご夫婦は横たわったままのレオに声をかけました。なごり惜しそうに何度も頭をなでて離れようとしない奥さんは、ご主人に腕を引っ張られるようにして、手術室を出ていきました。

ご夫婦が出ていったことを確認してから、毛を刈って血管に入れた管から鎮静剤を入れて麻酔をかけます。

手術は順調に進み無事に終了しました。

麻酔中も身体状態が安定していて、終了後速やかに覚醒しました。ボーッとしている間は、頭や体をぶつけないように安全な場所で管理し、意識がハッキリしてきて立てるようになったときには、すでにご夫婦が迎えに来ていました。

しかし、レオと再会してもらう前に、ご夫婦に説明しておかなくてはいけないことがあります。手術のときはどのご家族もそうですが、家で手術が終わるのを今か今かと待っています。そして、病院から迎えの連絡があったときには、もう「早く会いたい」という気持ちでいっぱいです。その状態ですぐに会ってもらうと、喜びで頭がいっぱいになり大切な注意事項を聞き逃してしまいかねません。注意事項が頭に入っていないと、ペットに何かあった際に、飼い主がすべき対処が遅れてしまいます。ですので、術後に家族が迎えに来たときは、1秒でも早くペットと会いたい飼い主に対して、心を鬼にして先に注意事項を伝えて理解してもらってから会ってもらうようにしています。

今回も、早く我が子に会いたくてたまらないご夫婦にこう伝えました。

「全身麻酔後は、一見起きているようでもまだ全身が完全には起ききっていません。ですので、帰ってすぐにご飯を与えると吐いたり、誤嚥《ごえん》したりする可能性があるので、夜遅くもしくは次の日の朝から食事をはじめてください。また、術後は安静にして、傷口が治るまでは保護しないといけません。傷が汚れたり、本人が舐めてしまわないような注意が必要です。そのために、エリザベスカラーをつけて管理する場合もあります」

ご夫婦は、ひとつひとつ頷きながら真剣に聞いてくださいました。しかし、注意点はこれだけではありません。私はさらに続けます。

「今後ですが、本人に意欲があれば、徐々に歩かせて感覚をつかんでもらうようにしてください。可能でしたら、散歩も少しずつ慣らしながら連れて行ってもかまいません。あとは、術後の合併症として、傷の部分に出血がないかや、液体がたまっていないかなど様子を見るようにお願いします。もし、食欲が戻らず調子が悪いようでしたら、臓器障害を起こしている可能性もあるので、すぐに連絡してください。それから、これは当初もお伝えしましたが、抜糸後は3週間に1回、抗がん剤投与を行います。経過観察も含めての来院をお願いします。もし抗がん剤がうまい具合に効いてくれれば、まず1年を目指して頑張ってもらいたいです」

術後すぐに3本脚でダッシュ!

こうして、すべての説明を終えました。ご夫婦はとてもよく理解してくださったようでした。

そしていよいよご対面です。入院室にご家族を入れてしまうと、他の入院しているペットたちが「自分を迎えに来た」と思って興奮してしまいます。そうしたことから、ご夫婦には別室で待っていただき、レオを入院室から連れてきました。別室に入ったレオは、室内のご夫婦を見た瞬間、ご夫婦のもとにまっしぐらでした。お父さんは床にしゃがんで、3本の脚で器用に向かってくるレオを迎え入れます。

レオは、とてもさっきまで大手術をしていたとは思えないくらい尻尾を大きくブンブン振って、クンクン鳴きながらしきりにお父さんを舐めて喜んでいました。お父さんの方は、大きなレオがじゃれつくのを必死で受け止め、重みで少し体がのけぞっていました。お母さんは、横で終始笑顔です。ご夫婦とも無事手術が終わった安心感と嬉しさでいっぱいだったのでしょう。

「よかったね。よかったね」

「がんばったね！」

「これからもずっと一緒だよ」

「すぐに帰れるよ」

何度も、何度も繰り返し言っていました。ご夫婦とも、最初こそレオの3本脚に目が釘

付けでしたが、

「思ったより違和感ないな。これだけ歩けるなら大丈夫だ！」

じきにお父さんも安心したようでした。

実際、多くの飼い主が、「3本脚を見て確かめるまでは怖い」と言いますが、術後に再会して元気に向かってくるペットの姿を見ると、心配は吹き飛んでしまうことが多いものです。

翌日、ご夫婦とともにレオが再診を受けに来院しました。レオは、3本脚で勢いよく診察室に走りこんできて、昨日の手術のことなど忘れているかのようでした。そして何より、痛みから解放されたことで気分が良いのか、顔つきも元気そのものです。手術の傷口もきれいで、腫れや出血もありません。まずはひと安心です。ご夫婦は
「今朝から食欲も出て、昔に戻ったみたいです！」

「ありがとうございます！　本当にありがとうございます」

と、何度も頭を下げてくださいました。

受付スタッフに対しても「ありがとう」が止まりません。レオ自身はもちろんのこと、ご夫婦の不安な気持ちにも精一杯寄り添おうとしてきた私たちにとって、ご夫婦のたくさ

んの「ありがとう」はとても嬉しいものでした。もちろん全員、笑顔で受け取らせていただきました。

そして2週間後、傷も順調に治っていき、無事に抜糸することができました。ご夫婦は喜んでいましたが、私はあえてそれを制して

「しかし、これで終わったわけではありません。これからが本当の闘いですよ」

と宣言しました。

「今後、経過を注意深く見ていきます。痛い脚はなくなりましたが、がん細胞は全身に回っている可能性が高いです。今度はそれを抗がん剤でやっつけていきます。そして、できるだけ長く幸せに家族と生活できるように、一緒に頑張りましょう。これからの治療は、私たち獣医師が主役ではありません。ご家族、この子自身が一緒に闘うのです。ご家族は、毎日ありったけの愛情で接し、1日1日に感謝しながら、状態を注意深く観察してあげてください。少しでも変化があるようならすぐに連絡してください」

こうした説明の間、ご夫婦ともに真剣に大きく頷きながら、私に自分たちの覚悟を見せるように聞いていてくれていました。このときには、私たちを信頼しきってくださっていたように思います。

「ありがとう」が生きる力になる

その後は定期的な抗がん剤投与を続けました。来院時はすこぶる元気で、家でも体調が良いとのことでした。抗がん剤の副作用もなく、普段どおりに生活できているようでした。抗がん剤といえば副作用が気になるところだと思います。人と動物では、使う薬剤は同じでも投与する量が違い、犬猫の場合は激しい副作用はあまり見られないことが多いです。しかし、薬剤に敏感な場合は、強く副作用が現れることもあるので注意が必要です。

犬猫の場合には、できる限り普段の「QOL（生活の質）の維持」ができることを重要視します。家族の一員として飼っている以上、ご家族と一緒に普段どおりに過ごせてこそ、治療の意味があると考えられるからです。

このレオも、安心できるいつもの家で、愛する家族と過ごせて満足そうでした。来院の際、元気なときには立ち上がり、診察台に脚をかけることもありました。距離の長い散歩には行けないようでしたが、普段は部屋の中で自由に動いているとのことでした。

体力と薬への反応の観察をしながら、家族による毎日の看護と管理、獣医師の定期的検査を続け、幸いにも1年が過ぎました。通常は、1年経つ前に転移が起こり亡くなっていくケースが多いなか、この子は頑張っていました。それは本当に不思議なくらいで、私はある日ご夫婦にたずねました。

「今まで見てきたなかでも、この子は特別に経過も良く素晴らしいです。何か特別なことをしていらっしゃるんですか？」

そうすると、お父さんが答えてくれました。

「いえ、以前先生に聞いた話を信じて、毎日一緒にいられることに感謝して、いつもこの子の顔を見るたびに『一緒にいてくれてありがとう』と言葉をかけているだけです」

毎日の「ありがとう」。それがレオにすごい生命力を与えていたのでしょう。一緒にいるとそれが当たり前になって、感謝の気持ちは忘れてしまいがちです。しかし、この藤田さんご夫婦は、毎日レオの顔を見るたびに感謝していたのです。この効果は絶大でした。レオは、その後なんと2年2カ月まで、頑張り続けたのです。

2年目に入ったレオは、高齢でもあったため少し全体の動きがゆっくりにはなっていました。しかし、食欲もあり我々病院スタッフを見ると、尻尾を振って挨拶してくれます。通常のケースでは、徐々に体力もなくなり最終的に転移が起こって衰弱するところ、この子はかなり体力を維持していました。

「ありがとう」という言葉には、とてつもないパワーが秘められているのです。人間でも感謝を込めて「ありがとう」を言い続けていると、良いことが起きたり幸せになれたりすると言われています。

自分の利益のために見返りを求めて他者を愛するのではなく、見返りを求めない「大我の愛」を他者に与えることができたとき、人間の魂は成長します。その愛を受けた人もまた幸せになります。ペットにも常に感謝の言葉を投げかけていれば、それは必ず伝わります。不安や不信感を持たず、心から飼い主を信頼してくれるのです。

毎月検診に来院して2年1カ月を超えようとしたころ、レオの肺に転移らしい影が見えるようになりました。私はご夫婦に転移の可能性と、そろそろ最期が近くなってきたことを伝えました。ご夫婦は、別れの覚悟を固めながらも、レオにも私たちにも、感謝を続けていました。

本当に不思議だったのは、レオの状態でした。通常のパターンでは、徐々に食欲がなくなり痩せてきて、最終的に呼吸もしづらくなり衰弱していくものです。でもこの子の場合、ほんの少しずつは痩せてきていましたが、食欲もあまり落ちることなく、ご夫婦の手から食べていました。運動こそできなくなってきていましたが、呼吸が苦しくなるまでは立って歩いていました。やはり、ご夫婦がこの子に毎日与えてきた「ありがとう」のパワーとしか思えません。

穏やかな別れ

そしてある日、レオはついにパタッと動き回るのをやめ、食欲が急になくなりました。おそらく、限界の限界まで耐えて、急に持ちこたえられなくなったのだと思います。この急激なダウンからは、ほぼ寝たきりでした。

寝たきりではありましたが、手術前の痛みがひどかった状態とは違いました。表情は穏やかで、幸せがにじみ出ているようでした。肺への転移で少し息苦しいようでしたが、それでもなぜか穏やかでした。自宅で看取りたいというご夫婦の要望で、家での看護を続けることになりました。

藤田さんご夫婦は、そのような状態になっても「ありがとう」の言葉を忘れずにかけ続け、毎回、口元まで水やご飯を持っていって食べさせていました。

私にできることは、もう気休め程度に痛み止めを処方することくらいです。

「いよいよ近づいてきたようですね。最後の最後まで、感謝の気持ちと愛情を与えるだけ与えましょう」

と声をかけました。

そして1週間後、とうとう、その日がやってきました。電話が鳴り取るとご主人からで「先生、もう危なそうです。先生にも最期の様子を知ってもらいたくて電話かけました」

横たわっているレオのすぐそばから電話をかけてきたようです。

「今まで本当に一緒にいてくれてありがとう！　幸せをくれてありがとう！　もう大丈夫だよ」

ご主人の大きな声が聞こえてきました。そのすぐあとです。電話の奥で「ウオォーン」という声がかすかに聞こえました。これが、レオの別れのひと声でした。私には「あの世で待ってるよ」と言ったように思えました。

その後、ご主人は電話口で、

「一緒に闘ってくれた先生にも、最期の瞬間を共有してほしかったんです。今まで、長い間この子を見捨てないで、ずっと付き合ってくれてありがとうございました。先生の仕事への向き合い方は尊敬に値します。私たち家族側の心まで心配してくれて、本当にありがとう」

私にも感謝の言葉をかけてくれました。

獣医師がペットの病気を治すのは大前提です。けれど、私はそのうえで「ご家族の心に光を照らし、ペットと幸せに生きる生き方を示せたら」と考えて、獣医師を続けてきました。だからこそ、この感謝の言葉は、私に「ああ、自分の存在を認めてもらえた」、そう思わせてくれたのです。

ご夫婦は、獣医師である私を信頼してくれて、ともに病気と向き合ってくれました。そして、私個人の想いや言葉を素直に受け入れてくれました。こうして、ペットと飼い主の深いつながりを理解しお互いに共有できたことに、私は今でも感謝しています。

この、ご夫婦の看病と、それに応えたレオの生命力を目の当たりにして、私は、つくづく「深い愛情」と「感謝の想い」というものが、いかに生命の糧になるかということを学びました。

もちろん、動物は人間の言葉の意味をすべて理解しているわけではありません。しかし

「深い愛情」や「感謝の思い」は、ペットに直接声をかけることで、言葉を超えたテレパシーとなり伝わるものなのです。そして、伝わった「深い愛情」や「感謝の想い」は、エネルギーとなりペットの精神や肉体に浸透し生命力に影響を与えていきます。

そもそも「愛情や感謝を動物に与える」ことは、天から与えられた人間の役割でもあります。そして、それを受けた動物は「感動」や「癒やし」で、人間にお返しをします。これを前提に言うと、ペットが生まれてくる意味は、飼い主から愛を注がれるためにあると言えます。そして、注がれた愛に応えることで、飼い主に影響を与える仕事がペットにはあるのです。その仕事をやり遂げることが、ペットにとって生きる糧となります。レオも、自分の仕事をやり遂げました。

人間から愛を与えられた動物が死後の世界に行くと、高位の霊からのはからいで、しばらくは生前の姿を維持されると言います。そして、飼い主があの世に行くときに出迎えてくれます。

レオも、藤田さんご夫婦を出迎えるその日まで、生前の姿のまま駆け回りながらご夫婦を見守っていることでしょう。

3章

モコ

引きこもりの人生を変えてくれた「里親募集サイト」で出会った子犬の話

何気なく見た里親サイトにいたベージュの子犬

しばしば飼い主とのお話のきっかけになるのは、ペットとの「なれそめ」です。出会いについて知ることは、飼い主の気持ちに少しでも多く寄り添うための材料にもなります。そのなかでも「人生を変えるほどの出会いだった」という40代独身男性、佐藤さんのお話はとても印象に残っています。

「ひどい下痢なんです」と、当時3歳のモコを連れてきたのが初診でした。モコは、ベージュの毛をした中型犬で、雑種の女の子です。幸い一過性の下痢で大きな病気ではありませんでしたが、その後も予防接種や予防薬をもらいにきてくれるようになりました。モコは、人懐っこい性格で、初診日から私に尻尾を振って寄ってきてくれました。人懐っこいながらもわりに落ち着いた子で、いつもおとなしく診察させてくれます。もともとの性格もありますが、佐藤さんからたっぷりの愛情を受けていることがよくわかりました。佐藤さんも、とても親しみやすい人柄で、ついつい来院されるたびに質問攻めにしてしまいます。佐藤さんは、そんな私の質問に、嫌な顔をすることなく答えてくれました。また佐藤さんは話し上手で、私はいつもその話に引きこまれてしまいます。

話はモコとのなれそめから、佐藤さん自身の人生にもおよびました。

佐藤さんは大学卒業後、就職が決まらず、アルバイトで食いつなぎ、20代後半に地元の中小企業に就職しました。しかし、30代前半のころ、仕事のハードさと人間関係の難しさで鬱《うつ》になってしまったのです。それでもはじめのうちはなんとか耐えて頑張っていましたが、心も体も重く、とうとう会社に欠勤の連絡さえできなくなるほど症状は重くなっていきました。やがて無断欠勤するようになり、会社を辞めてひとり暮らしのアパートから実家に戻ったそうです。そして、そのまま引きこもるようになりました。外出はおろか、自分の部屋からもほとんど出ず、親ともあまり接触しませんでした。社会に適応できなかったことから自信も意欲も失い、人と接することが辛く面倒になっていました。

いろいろなサイトを見て情報収集したり、ＹｏｕＴｕｂｅを見たり、一日中ネットゲームをしているときもありました。オンライン上の友人とはたわいのない話で盛り上がり、そういうときはとてつもなく幸せで「パソコンの中で生きていたようなものだった」そうです。

ネットを見ていればオンラインビジネスや個人投資に関する情報も入ってきます。佐藤さんは次第に、自宅にいながらお金を稼げる方法に興味を持つようになりました。投資に関するオンラインセミナーを受け、情報商材でネットビジネスを勉強したそうです。この話を聞いて、私は「人と接触しなくても、前向きな考え方をしていたんだなあ」と感心しました。

30代後半になったころ、佐藤さんはいつもどおりネットサーフィンをしている最中、ふとペットの里親募集サイトの広告に目をとめ、何気なくリンクをクリックしました。実は、もともと小さいときから動物好きで、小学校のころは動物園に連れて行ってもらうのが大好きだったそうです。また、通学路にいる近所の犬がかわいくて、いつもこっそり遊んでいました。佐藤さんは猫派より犬派とのことで、

「犬は僕の顔を見るといつも喜んで、尻尾を振りながら近寄ってきてくれます。全身で遊びたいという気持ちを表現してくれるんです。僕がどんな人間なのか知らなくても、いつも100%信頼して身を預けてくれます」

と笑顔でしたが、すべての犬がすべての人間を信頼するわけではありません。佐藤さんは、きっと前世でも犬と深く関わったことがあるのでしょう。動物を愛することができる魂を持った人なのだと思います。

生き物は「魂で愛を知っている人間」を見ぬくことができるのです。

佐藤さんが見た里親募集サイトには、子犬から成犬まで、多種多様な犬たちがたくさん掲載されていました。はじめから飼い主がいない子から、一度は家族に迎え入れられた子まで事情はさまざまですが、いずれも身寄りがいないワンちゃんたちが家族を待っていました。

その子たちを何気なく眺めていた佐藤さんですが、ふと、薄いベージュ色の4カ月の雑種犬の写真に目がとまりました。その子犬は、小さくてまるまるとして、目と鼻が真っ黒でぬいぐるみのような子でした。佐藤さんが小学校時代にこっそり遊んでいた近所の犬にそっくりだったそうです。

サイトを閉じてみても、なぜかその子犬が佐藤さんの心に残っていました。ゲームをしたり動画サイトを見ていても、ベージュの子犬が気になってしかたがありません。何日か過ぎたころ、どうしても子犬が忘れられない佐藤さんは再び里親サイトを訪れました。何日も経っているうえに、子犬は成犬より引き取り手が多いものです。佐藤さんは「もう引き取り手が決まっているかしれない。でももしあの子犬が残っていたら……」と思いながら、犬たちの写真が並ぶ画面をスクロールしていきました。やはり、引き取り手が決まっている子犬もチラホラいます。佐藤さんは若干ドキドキしながら指を動かしました。そうすると、同じ場所に例のページュの子犬が残っていたのです。まるで佐藤さんを待っていたかのように。

佐藤さんと子犬の出会いは、やはり運命だったのでしょう。たくさん並ぶ犬たちのなかから、その子だけに目がとまったことも「運命」ですが、ふつうは「この子かわいいなあ」と思ってもサイトを閉じてしまえば、そのまま忘れてしまうことの方が多いものです。けれど佐藤さんは、ずっとこの子犬が頭に残っていました。

しかも、かわいい盛りで引き取り手が多いはずのその子が「残っていた」ことにも運命を感じます。

「犬は人間のように自分を責めたり、裏切ったりすることは絶対にない」

佐藤さんは、その子犬を飼うことに決めました。

ただ実家ですので、勝手に飼うというわけにはいきません。当時、佐藤さんは日中勤めに出ている父親とはまったくと言っていいほど話すことがありませんでしたが、食事のときなど、ひと言ふた言程度は会話をする母親に、勇気を出して「犬を飼いたい」と伝えてみました。母親は最初驚いていましたが、それを父親にも伝えて賛成してくれました。あとから聞いた話では、ご両親ともに「犬を飼うことで息子が心を開いてくれるきっかけになるかもしれない」と考えていたそうです。

子犬を迎え入れることになった佐藤さんは、モコたちを保護している団体に連絡しました。引き取りに行く場所は県内だったものの、自宅からはかなり離れています。何年も外出さえほとんどしていなかった佐藤さんにとって、遠出をすることはたいへんな勇気が必要でした。それでも「あの子犬が待っている！」と、ひるむ気持ちを奮い立たせ、なんとか会いに行ったのです。必死で向かった先で対面した子犬は、写真以上にかわいくて、たまらないほどでした。

佐藤さんはその場で「譲渡誓約書」にサインし、正式な手続きを終え、子犬を連れて帰りました。

ペットを通して知る世界は思っていたよりずっと優しい

迎え入れた子犬は、はじめのうちは環境の変化に戸惑っているようでした。

しかし佐藤さんは焦らずに、話しかけたりご飯をあげたりして接し、子犬は数日経つうちに慣れてきたようでした。佐藤さんは、尻尾を振りながらじゃれついてくるようになった子犬が、かわいくてかわいくてたまりません。動物好きだった子どものころの感情がよみがえり、魂の奥に眠っている「生き物への愛情スイッチ」が入ったのでしょう。佐藤さんは毎回の餌やり、排泄の世話、遊び相手と、子犬にありったけの愛情を注ぎました。

子犬のほうもますます佐藤さんに心を開きます。なんの疑いも警戒心も持たず、全身で「遊んで、遊んで!」と寄ってくる姿。自分を避けることなく、すり寄って膝によじ登ってくる姿。佐藤さんは、目の前の子犬にひたすら癒やされていきました。

パソコンに向かう時間が長いのは相変わらずですが、すぐそばでただ無心に眠る子犬を見ると気持ちが温かくなるのがわかりました。子犬に与えた無条件の愛を、そのまま子犬から返されていることを感じました。こうして佐藤さんと子犬の絆は、日々深くなっていったのです。

佐藤さんは、ご両親と同居していましたが、「子犬の世話は自分でする」と決めていました。しかし、自身の体調もまだ万全ではなく、ネットを通じての勉強も続けていましたから、両親に世話を頼まざるを得ないときもあります。それをきっかけに、両親との会話も少しずつ増えていきました。

引き取ってしばらくは、室内で遊ぶなどして運動をさせていましたが、体がしっかりしてくれば散歩も必要になってきます。毎日定期的に外に出ることは、佐藤さんにとって少し勇気がいることでしたが、成長してきた愛犬を家に閉じ込めっぱなしにしておくわけにはいきません。愛らしい子犬と一緒であれば大丈夫な気がして、散歩にも連れ出せるようになりました。

散歩に出れば両親以外の人たちと出会います。近所の人、すれ違う人に挨拶をされることもしばしばありました。佐藤さんは会釈を返すのが精一杯です。しかし、挨拶されることが日常になると、自然に声を出して挨拶を返せるようになりました。次第に自分から挨拶することにも抵抗がなくなります。散歩をはじめて数カ月経ったころには、いつも出会う他の犬の飼い主と会話をするまでになったのです。お互い、飼っている犬のことを聞いたり答えたり、といった会話を楽しむようになりました。そして、打ち解けて話がはずむ散歩仲間が増えていったのです。

愛犬の散歩のために、と「しかたなく」世間に戻ることになった佐藤さん。数年ぶりに接した世間の人たちは、思っていたよりもずっと優しかったのです。みんなが自分に笑顔を向けてくれることに驚きました。

「勤めていた会社では、同僚には文句を言われ愚痴をこぼされ、上司からはダメ出しの連続で自分を否定されるばかりでした。もう自分は社会で生きていてはいけないのだ、という闇に閉ざされていました。けれど、もう一度飛び出してみた世間には、こんなにも自分を受け入れてくれる人たちがいる。自分は決して世間から否定される人間ではない。自分という個性を受け入れてもらえる場所もあるんだ」

そう思ったそうです。

ペットは人の生き方を変えるパワーを持っている

「自分を受け入れてもらえる場所がある」と気づいてから、佐藤さんは積極的に動き出しました。引きこもり生活のなかで培ったパソコンとインターネットの知識をもとに、株式投資やＦＸをはじめたのです。

やがてかなりの金額を稼ぐことができるようになりました。さらに、その成功ノウハウを他の人にも伝えたいと思うようになり、佐藤さんはビジネスの勉強をさらに深めたのです。そして、成功の秘訣を多くの人に教えるセミナーをビジネスとする会社を立ち上げました。

今や全国各地で投資セミナーを行うまでになった佐藤さんは「いろんな人たちが自分を頼りにしてくれることが楽しくてしかたがない」と、生き生きとした笑顔で話しています。

モコとの絆は深くなっていきましたが、出張が多くなってしまった佐藤さんは両親に犬の世話を頼むことも多くなりました。けれど、それによってご両親とさらに良い関係が築けるようになったのです。ご両親も喜んでいるに違いありません。

モコとの運命的な出会いをきっかけに、佐藤さんは社会的にも成功し、充実した人生を謳歌しています。

社会で辛い思いをすると「自分を認めない社会が悪い」と思いがちです。それに「反発」して頑張れる人もいるでしょうが、ストレスによって、鬱状態になり、社会生活が送れなくなってしまう人が増えています。前向きに治療をして社会復帰する方もいますが、自分の世界に閉じこもることしかできなくなってしまう方も多くいます。しかし世界は、実は自分が思い込んでいるほど悪いことばかりではありません。閉じこもる前の「辛いだけの社会」「冷たい世間」は世界のほんの一部にすぎないのです。必ず自分を必要としてくれる世界があります。自分のことを否定する人ばかりに出会ってきたと感じるかもしれませんが、その人たちも広い世界のごく一部にすぎません。あなたを必要としてくれる人間はたくさんいるのです。

佐藤さんに、「世界には自分の住むべき場所がある」ことに気づかせてくれたのが、運命的に出会ったモコだったのです。

社会にはじき出されて自分自身を信じられず、自分を愛することができないとき、「自分がいなければ生きていけない弱い存在が目の前にいる」という事実は、ネガティブな心を変えてくれます。いつでも自分を必要としてくれて、自分をなぐさめ、何があっても自分を信頼してくれるペットの存在は、視野が狭くなった心に革命を起こし、内向きのベクトルを外に向けて修正してくれます。

人生、良いときもあれば悪いときもあります。悪いときには、無理に外に目を向けなくてもかまいません。引きこもってしまう時期があってもいいと思います。「もうダメだ」と思ったときには、社会的な評価も、人のウワサもすべてシャットアウトして、いったん心を内側に向けて自分を見つめ直し、自身の気持ちを分析する期間を持つことも大切です。

その期間を支え、軌道修正を助けてくれるのがペットの存在なのです。

生き物はただかわいいだけではなく不思議なパワーを持っています。ひとりの人間の人生でさえ変えてしまうような素敵なパワーです。ときに癒やし、ときに励まし、深い愛と絆で見守り導いてくれるのです。

ペットとともに暮らすことは「自分が必要とされている存在」だと気づくことです。自分の人生がペットの人生に影響を及ぼすのだ、自分がいなければこの子は生きていけない、という責任を知ることでもあり、それが人間を暗い奈落の底から引き上げてくれるのです。

そして、ペットに与えた愛は、ペットから愛で返され、人間のストレスを、優しく癒やし緩和してくれるのです。

また、ペットに触れることは緊張した体を内側からリラックスさせてくれます。「ペットを飼ったら血圧が下がった」というケースもあります。またある調査では、ペットを飼っている人は、飼っていない人よりも「病院の通院回数が少ない」という結果が出ています。

しかも、佐藤さんのように散歩などをきっかけに、人とのコミュニケーションが上手くとれるようになり、人とのつながりも広がっていきます。犬に限らず、猫でも鳥類でも爬虫類でも、同じ生き物を飼っている仲間は自然に見つかるもので、共通の話題からすぐに親しくなれることが多いものです。多くの人がペットを通して、今以上に広い世界に飛び出してほしいと思います。

ペットは飼い主に100%依存するもので、飼い主が責任を持って育てなくてはいけません。動物によっては一緒に暮らすうえで、良い主従関係をつくることも必要ですが、ペットは友だちでもあり、生き方を教えてくれる先生でもあり、悩みを聞いて答えを導き出してくれるカウンセラーでもあり、悩みや疲れを癒やしてくれるセラピストでもあるのです。言葉は話しませんが、いろいろな意味で、飼い主自身とその生活を良い方向に導いてくれる存在と言えます。

佐藤さんに、「世界には自分の住むべき場所がある」ことに気づかせて前向きに生きるパワーを与え、引きこもりのどん底人生から社会の成功者へと導いたモコですが、今ではもう6歳になりました。すくすくと健康に成長し、ワクチン接種などで1年に数回会うだけですが、今でも元気に佐藤さんと暮らしています。

モコの存在で人生を変えることができた佐藤さん。これからもこのモコは、何があっても佐藤さんの人生を後押ししてくれることでしょう。

4 章

鈴

飼い猫を見送った老婦人が新たに迎えた子猫の話

自宅で看取った長年の相棒

70代の多江さんは、慢性腎不全のメス猫、鈴ちゃんを連れて、当時の私の病院にそれは熱心に通われていました。通院期間は8年くらいだったでしょうか。白地に黒ぶち模様の鈴ちゃんは、もともとは野良猫です。初診当初は2・5キロ弱で、成猫にしては小さめでした。このときには、もうすでに慢性腎炎の初期症状が出ていて、たまに吐いたりもしていたようです。

腎不全は腎臓の機能が低下する病気です。初期症状としては、水をたくさん飲んでたくさんおしっこをするという「多飲多尿」があります。それが続くと、脱水が起こり食欲もなくなって、進行すると体の中に老廃物がたまり、気分が悪くなって嘔吐する「尿毒症」という症状も出てきます。そして、下痢などの胃腸障害も起こしてしまうのです。末期になると、もはやおしっこを造る能力がなくなってしまって、排泄量が著しく減る「乏尿《ぼうにょう》」や、まったく出なくなってしまう「無尿」になり、やがて亡くなってしまいます。

多江さんは、鈴ちゃんに必要な点滴治療のため、週に1度、暑い日も寒い日も滞ることなく定期的に来院されていました。息子さんがふたりいらっしゃいますがすでに独立し、多江さんは、鈴ちゃんとふたり暮らしでした。多江さんと鈴ちゃんは、お互いの行動を見れば「相手が何を求めているのか」がわかってしまうほどの深い絆で結ばれていました。

例えば、多江さんが掃除をしているとき、鈴ちゃんが後を追いかけてきたり、洗濯物の上にワザと乗るときは「遊んでよ」のサインです。多江さんが頭をなでてあげれば、目を細めてグルグル喉を鳴らして喜びます。

多江さんが寂しそうにしていたり退屈そうにしているときは、わざわざ寄ってきて頭をすりつけてきます。また、膝の上に乗って、おでこを多江さんの顔にスリスリしてくることもあったそうです。

「この子がいるととても癒やされて、心が満たされるんですよ。寂しくなくなるんです」

とおっしゃっていました。

「私がテーブルでちょっと何か食べたりしていると、お腹が減っているわけでもないのにテーブルの上にジャンプして上ってきて、私の顔をジーっと見るんですよ。それで、私の手に顔をすりつけてくるんです。もう、かわいくって。甘えん坊なんですよ」

「寝ようと思って布団に入っていると、必ず枕元にくるんです。それで私の顔に体を密着させてこすりつけるんですよ」

日々、鈴ちゃんとの時間が楽しくて仕方がないといった様子でした。

ある猛暑日のことです。病状が急変しました。

「先生、鈴が何回も吐いてしまうんです。食欲もなくてグッタリしてて……」

多江さんが鈴ちゃんを連れてやってきました。

診察してみると持病の腎不全が悪化しています。そのまま入院してもらい、点滴を中心に治療しました。でも、5日経っても鈴ちゃんは回復しません。どんどんと衰弱していくばかりでした。腎臓の機能も、もうほとんど働いてはいません。私は多江さんに話しました。

「この子は、長年にわたり慢性腎不全と闘って頑張ってきて、命のロウソクはとても短くなっています。今は、気持ちだけで命の火を灯しています。おそらく、その火が消えるのも、もう間もなくです。このまま、入院治療を続けて頑張ってもらってもいいですが、安心できるご自宅で最期まで一緒に過ごす方法もありますよ」

多江さんは目に涙を浮かべていました。多江さんと鈴ちゃんはもう8年も、一緒に病気と闘ってきたので、ある程度の覚悟はできていたようです。多江さんは、鈴ちゃんを自宅で看取ることを決めました。

「猫は最期が近いことを悟ると飼い主のもとから姿をくらまし、見えないところで亡くなる」という話をよく聞きます。確かに、実際にそういう傾向が多いようです。

でも、鈴ちゃんにはもうその体力も残っていませんでした。多江さんによると「布団の上でずっと横たわり、口をパクパクさせて必死で呼吸をしていた」とのことです。そんな鈴ちゃんを、多江さんはひたすら見守っていました。


ある日の夕方、多江さんから電話が入りました。

「先生、もう危ないかもしれません」

そう言った多江さんの声には「最期をしっかり看取るんだ」という覚悟が含まれていたように思います。そして、その夜。鈴ちゃんは、多江さんに見守られて静かに息を引き取りました。

「最期の苦しみをハフッと吐き出して、まるで魂が抜けるかのように、のけぞるような姿勢になりました。そのまま、穏やかな顔で私のもとを去っていきました。先生、ありがとうございました」

「本当に最後の最後まで多江さんに見守られて旅立つことができたんだなあ」と今でも

感慨深く思い出してしまいます。

多江さんは
「今度、先生にご挨拶に伺います」

と、静かに電話を切りました。

多江さんは、鈴ちゃんにそれはたくさんの愛情を注ぎました。自分にできるすべてのことをしてあげました。鈴ちゃんは、いつも寄り添って甘えて、多江さんを癒やしていました。そこには、言葉では交わせない、深い部分での「心のコミュニケーション」が確かにありました。

「70代の私はもうペットを飼ってはいけないの？」

10日ほどして、多江さんがひとりで来院されました。鈴ちゃんが亡くなって数日後のお電話で「先生の空いている時間にでもお話ししたいことがある」とのことでした。

当時の私の病院には診察室が複数ありました。ペットを亡くした方や、ペットを連れずに相談に来られた方のお話は、普段は使っていないほうの静かな診察室にお通ししてうかがいます。じっくりお話を聞き、ゆっくりとお答えしたいからです。

多江さんにも、その静かな診察室にお通しし、座っていただきました。多江さんは話しはじめました。

「その節は、最後までありがとうございました。おかげさまで、あの子の一番好きだった部屋で最期を看取ることができました。先生には感謝しかありません」

ここまでは、お礼のために来院してくれたのだと思っていました。しかし、話は思いがけない方へと向かいはじめます。

「先生、ひとつ相談があるのです。私はもう70歳を超えていますが、小さいときからいつも動物と一緒の人生を送ってきました。あの子が逝ってしまった今、心にぽっかり穴があいてしまったようなのです。でも、私のような高齢者が今から動物を飼おうとしたら、今度は自分がその子よりも先に逝ってしまうかもしれないし、何より体が不自由になって面倒すら見られないかもしれませんよね」

確かにこれは、多江さんに限らず高齢者の方全般における問題でもあります。「確かにこうしたことで悩んでいる高齢者は多いだろうな」と頭の中を巡らしていると、多江さんはこう言いました。

「私は、もう動物は飼えないんでしょうか？」

私はちょっとだけビックリしました。多江さんは8年もの長い間、鈴ちゃんと一緒に病と闘ってきて、お互いの絆も深いものでした。そんな鈴ちゃんと最期のお別れをしたばかりです。私は多江さんが悲しみから立ち直れずにふさぎこんでいるのでは、という心配ばかりしていたのです。それだけに、この「できることなら次のペットを飼いたい」という言葉に少し驚いてしまいました。

来院される患者さんのなかには、多江さんのように、幼いころからペットと一緒に暮らしてきたという方がたくさんいらっしゃいます。小さいときからペットをかわいがってきた方は、「人間と動物には心でつながっている絆がある」ということを、精神と体で知っています。だからこそ、愛するペットが亡くなったときも、悲しみのなかにあっても、その子との絆や思い出に自然と感謝できます。同時に「動物がいることが当たり前だった日常」が失われると、動物がいないことに違和感を持ち、新たにペットを迎え入れたいという気持ちにもなるのです。これは、単に「かわいいから飼いたい」とか「寂しいから飼いたい」といった気持ちとは少し意味が違います。

ペットを飼うということは、基本、飼い主が無償の愛を与えるということですが、実はペットもまた、飼い主に愛を与えてくれるのです。その愛の形が違うのは、人間側と動物側、それぞれ役割が違うからです。人間側は、ペットに食住を与え、遊んであげるなど「世話をすることで愛情をかける」という役割を持ちます。動物側は、飼い主の愛情を受けて「喜ぶ・甘えるなどの癒やしで愛情を返す」という役割を持ちます。ペットによっては、飼い主の寂しい、悲しいといった負の感情を察知し、弱っている飼い主に寄り添ったり、頬を静かに舐めたりするなど「心配」という愛情も与えてくれます。

こうして、お互いがそれぞれの役割を果たし、お互いの「愛情の形」を受け入れることで「愛の交換」が行われ、飼い主とペットの気持ちに相互作用が働きます。お互いの想いが言葉を超えて、心でつながるということです。ここに、深い深い絆が生まれるのです。幼いころから動物と生活してきた方の魂には、こうした「動物愛」が染み付いています。だから、人間と動物の「愛の交換」を何度でもしたくなります。動物と愛の絆を深めるためにペットを飼うということができるのです。

私は、多江さんの「もう一度動物と愛の交換をしたい」という「魂レベルの意欲」に感心してしまいました。

種類を選び「万一の場合」の備えがあれば大丈夫！

私は居住まいを正して、こう前置きしました。

「高齢者が動物を飼う理由にはいくつかあります。さまざまな問題点もあるのも事実です。これは人と動物の命に関わる重要な話なので、じっくりお話ししたいと思います」

多江さんも背筋を伸ばして私の顔を見つめています。

「まず、ペットを飼うことが高齢者の生活に刺激を与え、会話や笑顔を増やしてくれることは間違いありません。これは、人間の精神や健康に良い影響を及ぼすことが知られていて、老人ホームなどでアニマルセラピーを行っているところも増えてきています」

多江さんは頷きながら聞いてくれます。

「しかし、逆に多くの問題もあります。例えば、多江さんが心配されるように、自分の体が言うことをきかなくなり、毎日の食事や排泄の世話ができなくなる可能性もあります。ペットが病気になったときに、動物病院に連れて行くこともできなくなってしまうかもしれません。さらに、もしご自身が病気で突然入院してしまったら、ペットの世話は誰がするのでしょうか。ペットが先か自分が先か、という問題もあるでしょう。それらの問題を解決しなければならないんです」

多江さんは黙り込んでしまいました。

「でも、いくつか解決方法があります。最近では、高齢者のためのペットと一緒に入居できる老人ホームもありますし、後見人がいれば、もしものときにペットの面倒を見てもらうこともできます。さらに、最近では高齢者のために、ペットの世話などを代行してくれるサービスも増えてきています」

多江さんは真剣な表情で私の話に耳を傾けてくれました。

「しかし、注意すべき点として、まずどんな種類の動物を飼うか、を考えるべきです。もちろん元気いっぱいの大型犬は難しいでしょう。また猫を飼うにしても、たまたま餌をもらいに来た半野良ちゃんをそのまま飼い猫にしてしまうと、いつの間にか外で子どもを作ったり、病気につながったりしてしまいます。選ぶなら、すでに性格がわかっていて、不妊手術およびワクチン接種も終わっている保護犬や保護猫を引き取るという選択肢も考えていいでしょう。いずれにしても、高齢者が新しく動物を飼う場合は、ご自身の問題のほかに、ご家族や近隣地域など社会的な視点も持って飼いはじめる必要があります」

真剣な表情で私の話に耳を傾けてくれていた多江さんは
「わかりました。そうですね。自分ひとりの問題じゃないんですよね。よく考えてみます。それと、家を出た子どもたちにも相談してみます」

と、納得してくれました。ただ、高齢者が動物を飼うためには、いろいろな状況に対応できる環境を、整える必要があることは理解したものの、「そうした環境を整えることが自分にできるのか」は不安があるとのことでした。

「本当は息子たちに相談するのも気が引けるんですけれど……」

そう言いながら、多江さんは丁寧に頭を下げて帰宅されました。

「母ちゃんに何かあっても俺がこの子の世話をするよ」

それから1カ月が過ぎたころ、多江さんから電話がかかってきました。

「先生！　大丈夫でした！」

少し興奮されているようです。

「思い切って息子たちに相談してみたんです。そうしたら、次男が最近猫を飼いはじめたことを聞きました。しかも、地域の保護センターから譲り受けてきた子なんです。私も飼いたいということを真剣に話したところ、次男が『それなら一緒に保護センターに行ってあげるよ。それで飼えそうな猫を見つければいい』と言ってくれたんです」

多江さんの息子さんもまた、動物を迎え入れることができる人だったのです。

「それだけじゃありません。先日実際に保護センターに見に行ったら、とても気に入った子がいたんです。そうしたら、次男もその子を気に入ってしまいまして『もし母ちゃんに何かあっても、そのときは俺んちでこの子の面倒を見るから心配しなくていいよ』と言ってくれたんです。これもすべて、先生がいろんなアドバイスをしてくれたからです」

私も嬉しくなりました。

「その子が来たらぜひ私にも見せてくださいね。会うのが楽しみです。それと万一、息子さんがその子を引き取られたときにも、いつでも相談してほしいとお伝えください。成長経過や病歴もわかっていれば、お力になれるはずです」

「すぐにでも先生のところに連れて行って、健康診断をしていただきたいと思っています。次男もぜひ先生にお会いしたいと言っていました」

「それは、なお楽しみです。お待ちしております」

と、嬉しい気持ちで会話を終えました。

今回の多江さんのケースは、かなりラッキーだったといえるでしょう。しかし、そのラッキーも、多江さんが勇気を出してお子さんたちに打ち明けたからこそのものです。

高齢者でも「ペットを飼いたい！」と思ったら、一度、ダメもとで家族や近所の方などに、相談してみることをお勧めします。相談した結果「やはり飼えない」ということになれば、それはショックでしょう。でも「飼いたい」と願っているのに、最初からあきらめてしまうのは、もっと悲しいことです。

思い切って飼いたい気持ちと、不安に思っていることなどを率直に伝えてみて、家族などが「大丈夫」と言ってくれれば本当にラッキーです。でもこのラッキーは、まず伝えてみないことには手に入りません。

「年寄りが動物を飼うなんて無責任だ」という人は少なくありませんし、それを気にして、飼うことをあきらめる高齢者もたくさんいます。しかし、万一のことまで考えて対策を立て、そのうえで飼うのであれば、決して「無責任」などということはありません。

そもそも、毎日朝から晩まで仕事で留守という、慌ただしい生活を送っている高齢者はあまりいないはずです。在宅時間が長い高齢者の家というのは、ペットにとっては「いつも飼い主さんがそばにいてくれる」幸せな環境です。加齢によって多少体が衰えてきていても、大型の動物でなければ、食事、排泄の世話は飼い主の体への負担は少なく、スピードを求められるものでもありません。

それに高齢の方は、ストレスを抱えてイライラしがちな若い世代よりも、日々を心穏やかに過ごしていらっしゃる方のほうが一般的です。飼い主の心が穏やかであるということは、ペットにとっても日々を安心して過ごせる環境と言えます。

このように、心身ともに穏やかである高齢者がペットを飼うと、ペットにとっても幸せであることが多いのです。

実際に、ご高齢の飼い主はたくさんいらっしゃいますが、やはりほとんどの方がペットとの1秒1秒を大切にされています。飼われているペットも、精神的に安定した穏やかな子が多い印象です。

高齢者がペットを迎え入れると、飼い主である高齢者自身が幸せになります。ペットに愛を与えると、ペットはその愛に応えようと舐めてきたりじゃれついてきたりします。そのペットの必死さに癒やされ、笑顔にならずにはいられません。ペットからもらった癒やしと笑顔は、そのまま飼い主のエネルギーとなるのです。エネルギーが常に補充されていれば、毎日の生活を楽しむことができます。生きることに活力も出てきます。家族や友人を失い寂しさに沈むときも、ペットは心の支えになってくれます。体調が悪いときは励まされ、退屈なときは相手にもなってくれます。ペットとの交流は「心」だからです。言葉がなくても心のつながりがあります。ペットと目を合わせるだけで、魂が響き合うのです。そんなペットは生涯の伴侶であるばかりか、どちらかが先に亡くなったあとにも幸せを残してくれます。

高齢者でも、チャンスがあればぜひペットとともに人生を歩んでもらいたいと思っています。だからこそ、そのチャンスをつかむために、その気持ちを打ち明けてほしいのです。想いを打ち明けた高齢者にとって、ペットを飼うことがプラスになったり、学びになったりするのであれば、きっと天はそうした道をひらいてくれると思います。

体力や環境、飼い主の入院や死後も考慮して

多江さんには、お母さん思いの息子さんたちがいました。しかし、高齢の方には身よりのない方も少なくありません。子どもがいても遠く離れて疎遠になっていることもあるでしょう。そうした方が、みんなペット可の老人ホームやシルバーマンションなどに入居できればいいのですが、場所・費用・定員など、すべてのハードルが高いと言わざるを得ません。社会のシステムとして、もっと高齢者とペットをつなぐ体制があれば、人間として最期まで心豊かに生きていけるのではないかと思います。

実際に、獣医師同士で連携し、ひとり暮らしの高齢者がペットを飼うためのアドバイスを行っているグループもあり、ペットセラピーの導入やペット受け入れ可能な施設を増やそうという動きも広がりつつあります。

しかし、高齢者とペットをつなげる社会的な環境をつくるには、まだまだ時間がかかります。ペットは法律上「所有物」であり、「人格」として扱われていないからです。現実的には、まず、家族・親族・近所など小さな地域で、ペットを飼いたい高齢者が、心穏や

かに過ごせる環境をつくっていくのが最良ということです。また、高齢者自身はもちろん、周囲の小さな「地域」の人々にも、高齢者がペットを飼うことのメリットを理解してもらい、同時にリスクと対応策を知って、それに備えておくことが必要です。

たとえば、飼うペットの種類ですが、これは体力のない高齢者でも負担のない小さな動物をお勧めします。犬なら、キャンキャン吠えたり、ちょこまか動くことがあまりない比較的落ち着いた性格、犬種を選んでください。また、猫はあまり人間に依存しない自立した動物ですから、比較的犬よりも飼いやすいでしょう。

ペットを犬か猫にするなら、保護施設などに実際に面会に行くのがお勧めです。保護施設では「どの子がどんな性格」ということをだいたい把握していますので、「高齢者が飼いやすい子」を選んでもらうことができます。性別では、オスよりメスの方が比較的穏やかです。また、ワクチンをすませているケースや、不妊手術をすませているケースもあるので、受け入れのハードルも下がるでしょう。そしてやはり、どんな性格かがあらかじめわかっていると、飼いはじめがスムーズです。さらに、いざというときの引き取り先や、もしものときの引き受け先（家族や知人など）に性格を伝えておくと、相手も受け入れやすくなります。

どんな子を飼うかも大切ですが、「高齢者自身について考えなくてはいけないこと」もあります。まずは、自分自身の体調です。高齢になれば通院している方も多いと思いますが、いつ入院してもおかしくない、という状態でペットを新たに受け入れるのは無理です。さらに「室内や家の近くならある程度動ける」というくらいの元気や体力も必要です。

現在体調に問題がなくても、急に体調を崩して入院する可能性は誰にでもあります。特に高齢になれば若い人以上にリスクも高くなりますから、入院時の預け先確保も必須です。さらに言うなら、高齢者ご自身が亡くなったときのことです。飼い主を失ったペットは路頭に迷います。最悪の場合は保健所に……ということにもなりかねません。ご自身が亡くなったときの引き受け先は、必ず決めておき、きちんと相談しておいてください。

もうひとつ考えておいていただきたいのは「住まい」についてです。集合住宅の場合は、「ペット飼育可能」な場合にしか飼えません。飼育可能であっても、吠えるタイプの犬は近隣トラブルのもとになりがちですから注意してください。

一軒家だった場合、猫の出入りを自由にしてしまうことも避けてください。昼は外を自由に歩き回り、食事のときと夜だけは戻ってくるという飼い方をすると、そのまま野良猫化してしまったり、病気にかかりやすくなったりする可能性もありますから、必ず室内飼いにしましょう。

これらは、高齢者に限らない注意点ではありますが、特に高齢になってから初めてペットを飼う、あるいは久しぶりにペットを飼う、という方はじゅうぶんな注意が必要です。住まいの問題もなく、万一のときの預け場所も引き受け先も決まり、飼いやすいペットと出会えた、というところでいよいよペットを迎え入れるわけですが、飼いはじめてからすぐに決めておきたいのが動物病院です。

予防注射や健康診断をしてもらう行きつけの病院を、預け先など協力してくれる人と一緒に見つけておくことをお勧めします。自宅にペットを引き取ったらまず健康診断を受け、ワクチンや不妊手術の時期などの説明も受けるといいでしょう。

病気の治療だけではなく、ご飯の正しいあげ方や病気予防の相談などもできます。少しでも異変があったら、早めに診てもらった方がよいでしょう。

また、可能でしたら一度、預けたり引き取ってもらう可能性のある人に、病院に一緒に来てもらうと安心です。万一引き取ってもらったとき、定期健診記録や通院記録はおおいに役に立ちます。毎回一緒に来てもらうわけにはいかない、という場合は最初の受診時だけでも付き合ってもらうと、新しい飼い主になる可能性がある方も安心でしょう。

いろいろと大変に思うかもしれませんが、高齢者がペットを飼うときは、飼い主もペットも、ともに幸せになることが大前提です。

飼い主にもしものことがあったときにも、ペットはもちろんのこと「新しい飼い主」も不幸にしてはなりません。そのために、相談できる人をみつけて、よく話し合い、事前準備を怠らないこと。そしてペットの情報を日ごろからできるだけ共有しておくことが大事です。理想を言えば、普段からたまに家に来てもらってペットの様子を見てもらえるような親しい人がベストです。

ウサギ、ハムスター、小鳥、熱帯魚、選択肢はたくさんある

高齢者がペットを飼うことにリスクがまったくない、とは言えません。しかし、ペットとの暮らしが高齢者に幸せをもたらすことは確かです。ひとり暮らしの高齢者が、ペットの顔を見て話しかけたり笑いかけたりすることは、生活に活気を与えるだけではなく、脳を刺激し認知症の予防になるとも言われています。もちろん、脳への刺激は体の健康にも

つながります。

犬や猫には限りません。例えばウサギは鳴き声をたてませんし、散歩も必要ありません。ふわふわの毛に覆われたウサギをなでるのは、とても気持ちのいいものです。実は「動物をなでる」という行為は、それだけでも心身に良い影響を与えてくれます。ただし、ウサギはトイレ掃除などの世話が面倒だったり部屋中の壁をかじってしまったりということがあります。また、犬猫にくらべて懐《なつ》きにくいでしょう。非常に脚力が強いので、抱かれるのを嫌がって腕の中から飛び出し、床に落ちて骨折などのケガをする例もあります。もしくは、蹴られた飼い主の方がケガをすることもあり得ます。こうした点は注意しなければいけませんが、寂しいときには近づいてきたり、怒っているときには脚を踏み鳴らしたりと感情を見せてくれることもあります。ウサギの感情表現がわかってくると、コミュニケーションがとれて絆を深め合うことも可能です。

ハムスターはウサギよりもさらに小さく、寿命も短いですが、飼いやすい動物のひとつです。ただ、ケージの外に出して抱っこしたりなでたりする、といったスキンシップがなかなか難しいのが特徴です。見た目がネズミに似ているので、あまり好きではないという方もいる一方、「餌を手で持って食べる姿が愛らしい。チョコマカ動く姿が見ていて飽きない」という方もいます。

哺乳類に限らず、セキセイインコなどの小鳥もいいでしょう。小鳥ならば、カゴの中で飼えて手間もあまりかかりません。ペットの飼育が禁止のマンションでも、大家さんに相談すれば小鳥の飼育は認められることもあるようです。かわいらしいさえずりを聞けますし、管理しやすく、見ているだけでもとても癒やされます。

ただ、オウムなどの大型の鳥は、寿命が長く20年以上生きるものもいます。長生きする鳥の場合は、犬や猫と同様、あらかじめその後の面倒を見てくれる人を探しておく必要もあります。鳥は餌代も安く、サラサラとお皿に入れるだけなので餌やりもかんたんです。「ピイピイ、チイチイという鳴き声がしょっちゅう続くとかえってうるさい」という人もいますが「そのくらい大丈夫。むしろ楽しい」という方にはとてもお勧めです。

癒やしという観点から言えば、熱帯魚や金魚などの観賞魚も選択肢のひとつです。水槽の中をひらひらと泳ぐ姿を見ているだけでリラックスできます。ただ大型水槽にたくさんの水草や魚を入れると、水槽につくコケ掃除、水換え、底砂の掃除はかなりの重労働です。高齢者でしかも熱帯魚の初心者ならば、小さめの鉢や水槽に、金魚、グッピー、メダカなど、ごく育てやすい丈夫な魚を入れて楽しんでください。観賞魚の専門店で相談して、適当な大きさの水槽や、飼いやすい魚、水草を選ぶといいと思います。

抱っこしたりなでたり、という「触れ合い」はできませんが、人が近づくと餌を欲しがって口をパクパクさせている姿などはとてもかわいいものです。

いろいろな事情で、犬や猫などを飼うのをあきらめざるを得ない場合でも、別の生き物を飼うという選択肢はいろいろありますから、ぜひ検討してみてください。ただし、賃貸にお住まいの場合は、どんな小動物であっても必ず大家さんや管理会社に飼育してもよいかの確認が必要です。

いまや人生１００年時代です。これからの長い人生、ペットにたくさんの愛を与え、ペットが与えてくれるたくさんの愛を受け取り、「心の絆」を育んでいくのも素敵な生き方ではないでしょうか。言葉を超えた絆は、何にもかえがたい人生の宝となることでしょう。

5章

ベル

夫の死に打ちひしがれた女性の心を救ってくれた犬の話

ペットの前では正直になっていい

生後3カ月から定期的に来院しているベルは、ジャックラッセルテリアの男の子。2歳になってもやんちゃ盛りがおさまらず、とにかく元気いっぱいです。常にテンションが高く、どうしても家族に爪を切らせてくれません。そこでお父さんとお母さんと小学生の娘さんが、散歩のついでに、月1回爪切りに連れてきていました。

ベルは病院に来ると、もう待合室の時点ですでにテンションマックス！　待合室で待っているほかの犬にも、あたりかまわずチョッカイを出しまくります。ほとんどの飼い主は、それをほほえましく見守っていましたが、あまりの激しさに引き気味の方もいました。

いざ自分の爪切りの番になると、一目散に出口のドアに向かって逃走を試みます。リードを持っていたお父さんも、体ごと持っていかれる状態でした。やっとの思いで診察室に入っても、逃げることに夢中でハアハアアゼゼエと息遣い荒く暴れます。そこでおやつを見せると、今度はすごい勢いで飛びついてきます。お父さんとお母さんと娘さんが3人がかりで、やっと診察台に乗せて押さえつけていました。ベルは6カ月のとき去勢手術をしたのですが、その激しさは相変わらずで毎回そのような調子です。笑ってはいけないと思いつつ、つい私も顔が緩んでしまいます。

3人に押さえつけられているベルの脚を1本ずつ取り上げ、速やかに爪を切っていきます。抵抗が激しすぎて、切ろうとした瞬間にベルが脚を動かし、爪から出血してしまったこともありました。そのたびに、ご家族は「自業自得！」と、きつく言っていました。しかしベルは、何を言われてもめげることなく、とにかく全力で暴れていました。

爪切りも診察も終わって「さあ帰ろう！」となると、これまた大変。私やスタッフに何かもらえると思って、尻尾を大きく振りながら突進してくるのです。本当に元気がありあまっていて、連れて来るのも連れて帰るのも、ご家族はひと苦労でした。

9月の初めころです。ふと気づくと前回の来院から1カ月以上経つのに、ベルとご家族がやってきません。「何かあったのかな？」と不思議に思って待つこと2カ月と少し。お母さんから電話がかかってきました。

「先生、先月はベルを連れていけなくてすみません」

「いいんですよ。気にしないでください。お忙しかったんですか？」

と、私は何気なく聞きました。急に声が曇ったお母さんの答えは、予想もしていなかった内容でした。

「実は先月の夏休み、実家にベルを預けて、３人で家族旅行に行ったんです。10日間の予定でした。旅行中、夫が運転していた車が事故にあい、私たちは３人とも救急車で運ばれました。夫はその２日後に息を引き取りました」

私は驚きのあまり
「えっ⁉」

といったまま言葉が出てきませんでした。やっとのことで
「そうでしたか。なんとお悔やみを申し上げればいいか」

そして、気になっていたことを聞きました。

「それで、娘さんは？」

「私と娘は、運よく夫とは反対側に座っていたため、頭と足にケガをしただけで奇跡的に助かりました。夫が自分の身を盾にするようにして、とっさにハンドルを切ったんです。夫が私たちを助けてくれたんです」

「そんな状況で、とっさにご家族を守られたんですね。大変なときにわざわざお電話をいただき本当にありがとうございます。ところでベルは大丈夫ですか？」

「はい、彼はいつものように元気いっぱいです。でも主人がいなくなってから、私がひとりで散歩に連れて行っていますが、何か違和感があるようです」

「たぶん、歩くスピードやリードを引く力が、ご主人と奥さんで違うんだと思いますよ」

「……なんだか切なくなりました」

とつぶやき、少し間をおいてから話しはじめました。

「娘は今でも父親がいなくなった現実が受け入れられずに、毎日泣いています。私はそんな娘を支えなくてはなりません。悲しいけれどそれを表に出すわけにいきません。でも最近、ベルが私の顔を舐めてくれるんです。なんだか、ベルが私を励まそうとしている気がするんです」

「お辛いでしょうね。でも、生活をともにする動物というのは、そういうものなんですよ。ペットとして家族に迎え入れられた瞬間から、その子は家族を信頼して全身で愛します。すでに目に見えない絆が生まれています。ときにはやんちゃして気を引いたり、ときには家族のもとで安心した顔でぐっすり眠ってみたり、ときには家族を守ろうとして必死でお客さんにまで吠え立ててみたり。今もそうです。ベルはあなたの悲しみを知っていて、あなたが気丈に振る舞っているのをわかっているはずです。娘さんの前では気丈にしていても、ベルの前では、今の気持ちに正直になってもいいと思いますよ」

お母さんは、ただただ静かに私の話を聞いてくれています。

「悲しいときには、ペットを抱きしめながら、悲しい、苦しい、辛いと涙を流していいんですよ。ベルはきっとそんなあなたを見て励ましてくれるでしょう。あなたとベルは心の絆でつながっているんですから」

お母さんは、3日後に爪切りに連れてくることを約束してくれました。

ペットは必ず飼い主の悲しみを受け止めてくれる

3日後、お母さんと娘さんとベルがやってきました。ベルのテンションは2カ月前とまったく変わりません。お母さんも、以前と変わらない様子でしたが、娘さんの表情は暗く寂しげに見えました。

診察室に入ると、ベルはいつもどおり元気いっぱいで、勢いよくスタッフに飛びかかりました。お父さんの代わりに、私とお母さん、娘さんの3人がかりで捕まえて診察台に乗せました。相変わらず暴れてゼエゼエいっているベルを押さえつけ、爪を1本ずつ切っていきました。

暴れるベルも、必死で押さえつけている状況もいつもどおりですが、お父さんがいません。私は胸が痛くなるのを抑え、いつもどおりに対応をしました。無事に全部の爪を切り終えると、ベルはハアハアいいながら尻尾を振って、私の方に突っ込んできます。ベルを抱えて診察台から下ろし、今度は別のスタッフ目がけて突っ込んでいこうとするのをお母さんがやっと押しとどめました。

ベルが少し落ち着いたころ、お母さんは、娘さんに「ベルと一緒に待合室でちょっと待っていてね」と声をかけ、自分だけ診察室に残りました。そしてこう言うのです。

「ベルの前でなら我慢しなくてもいい、と電話でおっしゃいましたよね。先日、娘がいないとき、部屋で思い切り泣いてしまいました。そしたら、ベルが部屋を駆け回るのをやめて、私のそばに寄ってきたんです。思わずベルを抱きしめてしまいました。抱きしめたまま泣いていると、いつも激しいベルが、何度も何度も優しくほっぺたを舐めてくれたんです。舐められているうちに、なんだかすごくくすぐったくなってきて、悲しみもどこかに飛んでいってしまったようで、いつの間にか笑っていました。動物って、本当に不思議な存在ですね。先生が言ったとおり、私とベルは心がつながっている気がします。ベルがいる限り、強く生きていけそうです。だから、先生、ベルのことをこの先もよろしくお願いします」

お母さんはそう言って、笑顔で診察室を出ていきました。こらえていた悲しみをベルの前で見せたこと、そして暴れん坊のベルがお母さんの悲しみを受け取ってなぐさめてあげたこと、その絆が胸に迫ってきました。

人生にはいろいろなことが起こります。楽しいこと、嬉しいこと、悲しいこと、苦しいこと、腹が立つこと。けれど、どんなときにも愛するペットがそばにいる――これは本当に素晴らしいことです。動物には、人間の気持ちを見抜く力があります。人間同士でも相手の気持ちはわかりますが、わかったからといって必ずしも「力になろう」としてくれるとは限りません。でもペットたちは違います。飼い主の悲しみを理解すれば、彼らはそれをちゃんと受け止め、なんとかなぐさめ励まそうとするのです。犬であれば、頬の涙を舐めてクンクン鳴く。猫であれば、傍に寄ってきて体をすりつける。ほかの動物だって、あなたが辛いときには、きっといろいろな形で癒やしになってくれたはずです。ペットが飼い主を励まそうとするのは、その心の奥底に飼い主との心の絆が深く刻まれているからなのです。

なかでも、特に犬と人間の深い絆には長い歴史があり、一説によると約40～15万年前の旧石器時代から、その絆を育んできたと言われています。お互いのなかにお互いを愛する遺伝子が組み込まれているのではないかと思うくらいです。人間は犬に食事と居場所と愛情を与え、犬は人間の仕事を手伝って愛情を返してきました。その絆は今も確かに存在しています。

だからこそ、人間相手では表に出せない悲しみや寂しさ、苦しみや辛さを抱えているときは、愛犬に心を開いてください。愛犬はあなたの感情を受け入れて、彼らなりに体全体であなたをなぐさめ、励ましてくれるでしょう。

もちろん犬だけではありません。どんな生き物であっても、あなたが愛情を注いだペットは必ずあなたの心の支えとなってくれます。

人間には「無条件に生き物を愛する」という役割が、生まれる前からプログラミングされています。あなたが「あなたのペット」と出会い、自然に愛するようになったのなら、それは必然で運命です。ともに生きる限り、無条件に愛し続ければ、動物たちは必ずそれを返してくれます。だから、嬉しいことも悲しいことも抱え込まず、彼らに心を開いてすべて見せていいのです。彼らは必ず受け止めてくれるでしょう。受け止めてくれた彼らを抱きしめて、愛情を返してあげてください。そうして、人間とペットは互いにかけがえのない生涯のパートナーとなり、幸せに生きていく糧となるはずです。

家族それぞれがペットとの間に絆を結べる

ベルは、今もお母さんと娘さんと一緒に、爪切りやワクチン接種に通ってきてくれています。ベルのテンションは相変わらずマックスです。来院したときも帰るときも、大変なのは変わりません。

でも、そんな元気いっぱいのベルでも、お父さんがいなくなったことは認識はしているはずです。家族のひとりが家に帰ってこなくなったとき、それが旅行や出張などでいずれ帰ってくる外出なのか、出て行ってしまってもう帰ってこないのか、それとも亡くなってしまったのか、ペットは一緒にいる家族の態度や心の動きによってそれを理解します。

ベルは、自分を抱きしめて泣いたお母さんの気持ちを理解したからこそ、お母さんの涙を舐めてなぐさめようとしました。娘さんの寂しく辛い気持ちも理解しているはずです。おそらく、お父さんがもう帰ってはこないことにも、気づいているでしょう。

飼い主が亡くなると、たちまち元気をなくしてしまう子もいます。特に飼い主がひとり暮らしの家で飼われていた場合は、見ていられないくらいに落ち込んでしまうこともあるのです。

ベルの場合は、根っから明るく元気な性格というのもあると思いますが、家族みんなに愛され、お父さんだけと心の絆を深めてきたわけではありません。お母さんとの間にも、娘さんとの間にも深い心のつながりがあります。お父さんはいないけれど、お母さんと娘さんとは一緒にいられる。愛情をもらえている。その喜びに集中して、今までと変わらず元気でいることで、ベルはお母さんと娘さんを励ましているのではないかと思います。

ペットと飼い主の心の絆の深さは、やはり飼い主がどれだけひんぱんにペットと接しているかによって違ってきます。飼い主がひとり暮らしの場合だと、たまの来客があるにせよ、常にペットと一緒にいるのはひとりだけですから、飼い主との絆は強くなります。

家族の中で飼われている場合でも、一番ひんぱんに接してくれる人との絆が深まりやすくなります。人間同士でも、日常的にもっともよく話す人やよく一緒に遊ぶ人と、真っ先に親しくなりますが、これは人間と動物の間でも同じです。

ただ、人間と動物の関係は人間同士とは少し違い、かといって常に主従関係だけかと言えば、それも違います。ペットを含めた家族を群れとすると、群れの最優位にいる「ボス」は、通常お父さんです。犬はもともと群れで行動する動物ですから、群れの中の順位を理解します。ペットはお父さんが群れのボスであることを認識すると、お父さんに対して従順になります。

しかし、お父さんはときどきお散歩に連れていってくれるだけで、毎日2回ご飯を出してくれて、しょっちゅう話しかけてくれるのはお母さんという場合、お母さんと犬との関係は、お父さんと犬との関係よりも深くなります。日常の接触回数が多く、時間も長いお母さんとの絆は非常に深いものになりやすい、ということです。

また、群れのなかで一番弱い存在の子どもであっても、その子どもが飼っているペットと一番長い時間遊んでいれば、子どもと犬の「心の絆」も深まっていくわけです。

犬は群れ内の順位をわかっているので、相手によって「従順さ」を変えることはあります。しかし、家族の優位性の順番だけで「心の絆」の深さが決まるわけではないということです。また、家族の中で「お父さんよりも、お母さんとの絆の方が深い」などと比べる必要もありません。あなたが、家族のなかでどんな立場にいても、たとえ時間が短くても、一緒にいるときには笑顔を見せて話しかけて愛情をかける、ときには心を開いて、正直な気持ちをペットに見せること、そうすることで、あなたとペットだけの絆は深まっていきます。

家族全員が、それぞれの形でペットに向き合い、一緒に喜び、一緒に悲しめばそれでいいのです。家族全員が、それぞれにペットと深い心のつながりを持てれば最高です。そうすることで、ペットが家族の一員になるのです。「家族」は、種と言葉を超えて、強い絆で結ばれた群れとなります。

このご家族は、3人それぞれがベルと深い心のつながりを持っていました。お母さんと娘さんは、これからもそれぞれにベルとの心の絆を深めていくことでしょう。

命をかけて家族を守ったお父さんは、今、お母さんと娘さんとベルが元気に生きていくことを、違う世界から見守っているに違いありません。

お父さんと、お母さん、娘さんとの間には強い絆がありますが、同じようにお父さんとベルとの間にも心のつながりがあります。

魂の世界では、会いたい相手と「想念の力」で再び出会うことができると言います。お父さんとベルの想いが強ければ、ベルが命を全うしたあと、違う世界でふたりはきっと再会できるでしょう。

そして、ベルはいつものようにテンションマックスで、久しぶりのお父さんの胸に突っ込んでいくのではないかと思います。

6 章

ナナ

最期を看取ってくれた飼い主に挨拶をして旅立った猫の話

14年前、庭で保護した子猫にある日異変が

もう十数年も前のことです。

高田さんが自宅にいると庭から、何か聞こえてきました。庭に出てみると、生まれて間もないであろう子猫が「ニャ、ニャ」と鳴いています。野良のお母さん猫が、生まれた子猫を置き去りにしてしまったのでしょうか。赤ちゃん猫は、片手に収まるくらい小さくて、目も開いていません。高田さんは、赤ちゃん猫を保護し、そのまま育てることにしました。

はじめは哺乳瓶で猫用ミルクを与え、おしりに軽く刺激を与えて排泄させます。赤ちゃん猫を育てるというのは、それはもう大変なことです。それでも、ニャ、ニャと鳴く赤ちゃん猫の愛らしい姿に、高田さんは毎日癒やされていたそうです。赤ちゃん猫は次第に目が開き、排泄も自分でできるようになりました。体が少し大きくなると、今度は離乳食をつくって与え、ワクチン接種にも行きました。

こうして、人間の赤ちゃん同様に、手間と愛情をかけられて育った赤ちゃん猫は、人懐っこいい子になっていきました。もともとの性格も比較的穏やかなほうだったようです。ナナ

と名付けられスクスクと育っていきました。ナナは窓際の陽のあたる場所で、いつもゆったりとくつろぐようになりました。高田さんは、そんなナナを見ているだけで心地よく、幸せを感じたそうです。高田さんにとってナナは、かけがえのない愛おしい存在となっていきました。

ナナは、保護した当初から鼻をグズグズさせていたので診察してもらったところウイルス性の慢性鼻炎でした。冬になると鼻炎はひどくなりますが、それ以外は元気で体の強い子だったようです。

ナナが3歳のとき、突然血尿が出るようになりました。診断の結果は膀胱炎。尿路結石のもとになる結晶もたまりつつあったようです。それ以降は市販の食事を尿路結石対策用の特別な食事に替え、ナナもそれを嫌がらず、喜んで食べていました。ウイルスによる慢性鼻炎を抱えてはいたものの健康で、ナナは高田さん家族の一員として愛情を一身に受けて過ごしていきました。

10歳を過ぎると、老猫に多い腎不全の症状が見られるようになりました。高田さんは、それはもう熱心にナナの治療に通いました。そのかいもあり、腎不全はあまり進行せず、比較的良い状態で生活ができていたようです。

平穏な日々を過ごしていた14歳の夏でした。高田さんの娘さんが、休みの日にナナのお腹をなでていたとき、指先に何かが当たりました。探ってみたところ、なんと、1センチ大のシコリがふたつもあります。娘さんはビックリしてお父さんに伝えました。

高田さんは、すぐにかかりつけの病院に連れて行きました。そこで診察してもらうと「乳腺腫瘍の疑い」とのことです。しかし、かかりつけ病院では手術ができる設備がなかったため、高田さんはインターネットで病院を探し、比較的近所にあった当時の私の病院を見つけてくれました。

高田さんが来院したとき、ナナの腫瘍はふたつとも1センチ以上で、娘さんが見つけたときよりも大きくなっていました。しかも、ナナはしこりを舐めてしまい、腫瘍からは血が出てきています。

まず全身の身体検査と血液検査、超音波検査とレントゲン検査を行い、現在の体の状況を詳細に調べました。血液検査では、腎臓の値が少し高いものの、すぐになんとかしなくてはいけないような異常はありませんでした。腫瘍となると肺への転移があるかないかが重要ですが、レントゲン検査では幸運にも肺への明らかな転移は見つかりませんでした。

私は高田さんに検査結果と今後について説明しました。

「やはり乳腺腫瘍でしょう。肺に転移が見られないことが幸いでした。ただ、猫の乳腺腫瘍は、80～90％が悪性のがんです。病理検査の結果を見ないと確定はできませんが、そのままだと腫瘍が急速に大きくなり、リンパ節や肺に転移する可能性が高いです」

高田さんは、黙って頷きながら聞いてくれています。私は続けました。

「できるだけ早い段階で『拡大切除』をする必要があります。拡大切除というのは、がんが1カ所だけに存在していたとしても、そのそばの乳腺をすべて取り除かなくてはいけない手術です。ナナは、すでに腫瘍表面から血が出ていますし、腫瘍がある側の乳腺をすべて切除する手術をした方がいいでしょう。腎臓の機能が落ちていますから、手術には細心の注意を払います」

一連の状況説明をしたあと、手術の詳しい内容と術後の注意事項なども話しました。高田さんは納得した様子で手術日を予約して帰って行きました。

そして当日、腫瘍を乳腺ごと取り除く手術は、比較的短時間で終了することができました。数時間後、無事に麻酔から覚醒したので、高田さんは家族の待つ家にナナを連れて帰りました。

私は切除した腫瘍の組織を病理検査に出しました。

何を選択しても必要なのは「覚悟」

手術から2週間後、高田さんとナナは抜糸のため来院しました。手術後の合併症もなく、経過も良好で傷口もきれいです。

病理組織検査の結果も戻ってきていました。私は、高田さんに診察台の横にある椅子をすすめました。診察台を挟んで反対側に私も座ります。私の真剣な空気を悟ってくださったのか、高田さんは居住まいを正して聞く姿勢をとってくれました。私は、ゆっくりと話しはじめました。

「病理診断の結果ですが、やはり悪性度の高い乳腺がんでした。さらにリンパ節に転移が起こっています。この場合、今後の見通しがあまり良いとは言えません」

高田さんは無言で頷きました。私はさらにジックリと話していきます。

「今後の治療ですが、抗がん剤を使用する方法があります。ただ抗がん剤といっても『絶対に効く』という薬はありません。現在出ている情報や今までの経験から、効果が出る可能性が高い抗がん剤を選択します。これがどの程度効いてくれるのかは、実際にやってみながらの判断になります」

高田さんは、真剣な眼差しで頷いていました。私たちはまだ出会って間もない獣医師と飼い主です。高田さんは「この獣医師がどこまでくわしく話してくれるのか」と不安だったと思います。私はできる限りていねいに説明を続けました。

「抗がん剤を使用せずに成り行きを見守っていくという選択肢もあります。転移が起こって容態が悪化する可能性が高くなりますが、それを運命と捉えて見守っていく、という形です」

私は最期のときにも触れました。

「残っているがん細胞を抗がん剤でできる限り叩くか、それとも余計な負担をかけずに成り行きを見守るか。どちらにしても、どれくらい生きられるかは、巣食っているがん細胞の勢力次第になります。抗がん剤の場合、数カ月はがん細胞の増殖を抑え込める可能性があります。今回リンパ節転移はありましたが、肺への明らかな遠隔転移は見られませんでした。ただ、抗がん剤治療が終わったあとで、肺に転移が広がる場合もあります。がん細胞の悪性度が高ければ高いほど、スピードも速くなります。抗がん剤治療が終わって1カ月もしないうちに転移が見つかり、そこからどんどん広がって呼吸が苦しくなるということもあり得ます。それでも、何もせずに見守るよりは、転移のスピードを遅くできる可能性はあります」

ここまでの説明が終えると、高田さんはそのまま何もおっしゃらずに考え込んでしまいました。

命に関わる選択というのは、本当に難しいものです。こうした悪性腫瘍などのケースでは、ペットの病状によって、いくつかの選択肢をお話しします。

飼い主にもよりますが、どうしても求めたくなるのは完全に治す「根治治療」でしょう。根治治療とは、再発しないレベルまで徹底的にがんを叩き、完全に病気を治すことを目的とします。

がんの根治治療を選んだ場合、ペットへの肉体的、精神的負担は非常に大きくなります。がんを徹底的になくすことを目的とするので、当然治療内容もハードなものになるからです。まず肉体的には手術による負担です。通常の手術よりも病巣を大きく取りますから、手術時間が長くなり、傷口も大きくなります。術中の消耗はもちろん、術後の体力と傷口の回復も遅くなります。手術も大変ですが体内に残っているがん細胞などを徹底的に叩くとなると、強い抗がん剤を使わなくてはなりません。抗がん剤は、がん細胞だけではなく正常な細胞も叩きます。抗がん剤は、基本、体の大きさで投与量が変わります。人間より投与量が少ないので、激しい副作用が出ずに、投与中でも元気に暮らせる子もなかにはいます。とはいっても、やはり抗がん剤は抗がん剤。強い副作用が出てしまう子もいます。これは個体差があります。体の小さいナナだと、食欲不振や胃腸障害、さらに、全身の血液の状態が変わるといった、大きな副作用が出る可能性もありました。また、同じ体重のペットでも、使う薬剤によって副作用は異なってきます。

精神的負担に関しては、やはり通院の多さと拘束されることでしょうか。根治目的の治療はとにかく病院でしかできない治療が主となります。ですから、ひんぱんに通院してもらう時期を設けることもあります。ペットにとって、慣れ親しんでいる家から離れた病院に連れて行かれる。連れて行かれた先で、飼い主以外の人に触られ針を刺されたりする。これは、ペットにとっては肉体的な負担と同時に大きな精神的負担です。

もちろん、ペットだけでなく飼い主にも負担はともなうものです。根治目的の治療の「飼い主の負担」を並べてみると――、手間・時間・費用となります。病魔と闘うペットの様子を毎日観察して、食事と水分と薬の投与、さらには生活環境など、手間をかけて管理しなくてはなりません。飼い主の時間はほぼ取られてしまうでしょう。大きな手術や特殊な薬を使っていれば治療費も高くなってしまいます。

逆に「ペットにとって良い点」もあります。根治目的の治療では、飼い主が時間を割いていつもそばにいて気にかけてくれるところです。飼い主は、常に観察管理をして、健康なときより一層自分に手間をかけてくれます。大好きな飼い主が、より近くでこうして愛してくれること。これは、ハードな治療で、肉体と精神のダブル負担で不調になってしまっているペットのより所となるでしょう。

飼い主側からみる「根治治療の良い点」は、なんといっても、できるだけ長く生き続けてもらえる可能性に期待できることではないでしょうか。根治目的の治療をしなかった場合の寿命からすると、その治療が成功したときに得たペットとの未来は、かけがえのないものになると思います。治療中も、未来への希望は、ペットとともに闘うモチベーションとなるでしょう。

しかし、期待を持って根治を目指した場合には、飼い主として、それなりの覚悟が必要です。それは「根治目的の治療で期待する未来が、必ずしも得られるとは限らない」ということです。我々獣医師がどれだけ手をつくしても、飼い主がどれだけ時間と費用をかけても、ペットが飼い主の愛に応えるべくどれだけ頑張ったとしても、逃れられない運命はあるものなのです。これは、「手間・時間・費用」以上の精神的・肉体的負担であることを覚悟する必要があります。

根治と緩和ケアの違い

根治以外に「緩和ケア」という選択肢があります。これは、がん細胞を完全に根絶させるためにきつい治療をすることを避け、あくまで病状を緩和する治療になります。

緩和目的の治療では、症状をある程度緩和させるために、病状に応じて痛み止めや点滴治療などをします。しかし、すでにリンパ節転移など全身にがん細胞が流れている状態では、ある程度進行した際に、がん細胞の勢力が増して全身に転移する可能性があります。そうなると、痛みや苦しみが出てきてしまい肉体的負担が大きくなります。

緩和目的の治療における「飼い主の負担」は、愛するペットがどこまで頑張ってくれるのかも分からず、常に不安とともに過ごさなくてはならないことです。これは、大きな心の負担となり得ます。

緩和目的の治療の「ペットにとって良い点」は、根治の場合と比べて通院頻度も少ないので、肉体的にも精神的にも負担がそこまで大きくならないことでしょう。転移がはじまってしまったあとは、肉体的には辛くなっていきますが、飼い主がそれまで以上に存在を尊重して世話をしてくれます。これは、どんどん動けなくなり不安な状況のペットにとって、かけがえのない愛情です。

また、これも再び飼い主の選択になりますが、最期のときを病院ではなくペットが安心できる家で、愛する家族に囲まれて過ごすことも可能です。こうした、最期のときを安心感に包まれて過ごせることも、ペットにとって良いことのひとつといえるでしょう。

ただ「本当は安心感に包まれた最期を迎えさせてあげたいけれども、痛がって苦しそうなのは飼い主として辛い。だから、強い痛み止めで少しでも楽になってほしい」と、ペットの肉体的負担を軽減してあげたいという想いから入院を選ぶ飼い主もいます。この場合、入院自体がペットの精神的負担につながる恐れはありますが、肉体的には比較的楽にさせてあげることができます。体が楽になるというのもペットにとっては良いことです。これも選択肢のひとつです。飼い主がペットを想って選んだことは、なんであっても間違いではないのです。

緩和目的の治療の「飼い主視点で良い点」は、ペットの状態を自分の目で見ながらペットが迎える最期の日まで、少しずつ覚悟を固めていく期間を持てることです。運命を受け入れながらペットとともに過ごしていると、信頼関係がより深まります。こうして今まで以上に愛情をかけている間に、気持ちの整理をすることができるのです。

とはいっても、緩和目的の治療を選択した時点で持っておくべき覚悟もあります。緩和目的の治療はがんの進行スピードを抑えようとするものではありません。つまり、覚悟を少しずつ固めていける期間というのは、決して長いとは言えないので、ある程度早い段階で心を決めておく必要があります。

穏やかに安心して旅立たせてあげるために

根治や緩和とはまた別の選択肢もあります。それは、高田さんにもお伝えした「運命を受け入れて、あとは何もせずに成り行きのまま見守る」という選択です。この場合、その後のきつい治療は何もしませんから、人為的に体に負担になるようなことは一切行いません。

成り行きにまかせ、経過をじっと見守ることを選択した場合の「ペットへの負担」は、病気の進行による肉体的な負担です。肉体的負担の種類や重さは、病巣の種類やその子の体力などによって違ってきますが、病巣は確実に広がっていきます。肺に転移すると呼吸が苦しくなって食欲が落ち、痛みも強くなり、気力もなくなっていくケースが一般的です。痛みや息苦しさに弱っていくペットを見守る飼い主の精神的な負担は、とても大きなものになります。

何も口にすることができなくなったペットに、日々流動食や水分を口に流し込んであげるなどの看護・介護もしなければなりませんが「苦しがっていても痛がっていても、運命だと受け入れて、自然のまま、慣れ親しんだストレスのない家で愛する家族に囲まれて最期を迎えてもらう」という強い意志が必要でしょう。

また、この「運命を受け入れて、何もせずに成り行きのまま見守る」途中で、やはり「入院させて痛み止めを投与するなどの緩和ケアを行い、身体的負担を少しでも軽減させ、苦しまずに最期を迎えてもらう」という選択になる場合もあります。

ただ、その場合でも肺に転移がある場合は、息苦しさに関しては、ほとんど対処のしようがありません。呼吸の要である肺が、物理的に埋まってしまっているからです。しかし、がんにともなう痛みには対応ができます。痛み止めは、自宅で与えられるもの、通院で投与できるもの、入院しないと投与できないものなどがあり、これもペットの体力や病状、家族の考え方によって選択が可能です。

いずれにせよ、弱った体に針を刺す以上、心身ともにノンストレスとはいきませんが、痛み止めを投与すればがんに蝕まれた体でも、最期までできるだけ苦しまず、安らかに眠りにつける可能性は高くなります。

これはもう、飼い主の考え方次第です。どんな選択をしても、最終的に死が避けられない以上、残される人間にはなんらかの後悔は残ってしまうものです。

「運命を受け入れて、何もせずに成り行きのまま見守る」という選択をした場合、それは生き物にとってもっとも自然な形で自然に帰れるということになるのかもしれません。飼い主にとって愛するペットの命のすべてを運命にまかせるということは、家族全員が納得してペットの死を覚悟しなければできることではないでしょう。手間がかかる、お金がかかるからと「放置する」こととはまったく違います。

ただ、それでも日々弱っていくペットを見守り続けるのは辛いものです。食欲が落ちるのはもちろん、強くなる痛み、日に日に苦しげになる呼吸、そして立ち上がることもできなくなり、水も口にしなくなっていく様子を見守り続けることの辛さを覚悟する必要があります。

それでも、避けられない死を覚悟した日常を送ることで、最期まで責任を持って愛を注ぎながら看取ることができます。亡くなった子が存在してくれていたことに感謝して、冥福を祈ることができるでしょう。

これらの治療の選択肢を提示するのは私たち獣医師ですが、最終的に決めるのは、飼い主です。私の経験上、飼い主はおおまかに3つのタイプにわかれています。

ひとつめは「できることはすべて、できる限りやってあげたい」と考えるタイプ。

ふたつめは「すべてを運命と捉え、何もせず、流れに身をまかせる」と考えるタイプ。

もうひとつが「いろいろな意見を聞きながら中間をとり、その都度、どれがいいか考えて臨機応変に対応していこう」と考えるタイプです。

これは「どれが正しい」ということではなく、飼い主の死生感や宗教観によって違います。死生観や宗教観こそが、命に関わる選択や決断を大きく左右するのです。こうした領域での選択に、「この選択が絶対に正しい！」と、獣医師の一方的な意見を押し付けるわけにはいきません。選択肢として考えられる手段はすべて提供しますが、どれを選択するかは飼い主に一任するしかありません。

迷っている飼い主の相談にはいくらでものりますし、客観的な情報は提供できますが「これしかありません」と、獣医師が主観的に決めて具体的な方法を勧めることはできないのです。ペットの運命は飼い主の選択で決まります。ペットと飼い主は、いわば運命共同体なのです。

とはいえ「何を基準に決めれば一番いいのかわからない」と、迷いに迷う飼い主を、私はもう何十人と見てきました。本当に難しい選択だと思います。けれど命に関わる選択に「絶対的な基準」など存在しないのです。飼い主それぞれが、ご自身の死生観とペットへの想いに従って決めるしかないのです。どの選択をしたとしても、ペットは決してあなたを恨んだりしません。愛する飼い主が決めてくれたこと、そして常に変わらずに注がれた愛に感謝して、受け入れるだけなのです。

ですから、考えに考え抜いたあとは、安心して道を進んでください。

なお、がんは一般的に動物の場合でも、腫瘍が小さい初期段階に見つけて手術で切除できれば、根治はじゅうぶんに可能です。

早期発見のためにも、日々の生活で些細《ささい》な異変に気づき、気になることがあればすぐに受診してください。また、定期的に健康診断を受けるという方法もあります。

もちろん毎日毎日、病気を恐れ神経を尖らせているわけにもいきませんから、ワクチン接種や定期健診などで病院を訪れたときは、将来かかる可能性がある病気について、獣医師に相談しておくといいと思います。

「わが子」を想っての選択に「間違い」などありません

高田さんに話を戻しましょう。

乳腺がんであること知り、しばらく黙り込んで考えていた高田さんですが、フッと思いたったかのように私の顔を見て言いました。

「この子とは長年の付き合いですから、何もせずに見守るということは私にはできません。なんとかできる限りのことをしてやりたいのです」

ナナに大きな負担にならない範囲で、できるだけの治療をしてほしい、というご希望でした。

さらに話し合った結果、体の中に残っているがん細胞を叩くことを目的とした抗がん剤投与を行うことになりました。そして、今後の治療計画や具体的な治療内容を説明しました。

「早く気づいてやれれば、手術だけですんだ可能性もあったのに。リンパ節転移が起きるまで気づけなかったことが悔しいです」

そう言って、高田さんはナナを抱いて帰って行きました。

けれど、これは高田さんのせいでも、誰のせいでもなく、運命としか言いようがありません。高田さんにとってナナがどれほど大きな存在なのか、絆がどれほど深いのか、が私の胸に迫りました。

それから、ナナは3週間に1回の通院で治療を受けることになりました。抗がん剤治療には「薬剤を○週間に1回、○カ月継続」など、プログラムが決まっているものもありますが、これなら100％効くという薬剤はなく、投与頻度や期間が決まっていないものも多いのです。こうした場合は体力や体調を見ながら投与を行います。現時点での研究結果と情報、そして自身の知識と経験をたよりに行うしかないのです。

体調によっては、抗がん剤投与をやめなくてはいけない場合もあります。抗がん剤自体が負担になって体力を奪い、かえって苦しい思いをさせてしまうこともあるからです。抗がん剤投与中に肺転移が認められた場合にも、抗がん剤の効果がないと判断し、負担のかかる治療はストップすることになります。

私は高田さんに、食欲が落ちていないかなど家での様子を聞き、細心の注意を払いながら抗がん剤投与を行いました。定期的にレントゲン検査や血液検査も行って転移の有無を調べながら、抗がん剤治療はしばらくの期間続きました。

半年が過ぎた頃、高田さんからそろそろ、体の負担になる抗がん剤投与を終わらせることも考えたいと相談されました。

抗がん剤治療はいつまで続けるかの明確な基準がありません。ナナの場合は、その時点では肺転移も見られず、血液検査にも明らかな異常は見られなかったので、ここで抗がん剤投与をやめるという判断は難しいものでした。

高田さんからすると、ナナも半年頑張ってきたし現在の体調は悪くない、しかしこのまま副作用が出る恐れのある強い薬を投与し続けることへの心配や、通院治療のストレスを取り除きたいという思いがあったようです。

しかし、ここで抗がん剤投与をやめれば転移の可能性は高まりますし、体の中に残っているがん細胞が勢力を取り戻すこともありえます。こればかりは誰にもわかりません。

いろんなことを想定しながら相談した結果、抗がん剤投与は一段落させて、今後は自宅で経過観察をしていくことになりました。

ナナは慣れ親しんだわが家で大好きな高田さんとご家族に囲まれ、リラックスして過ごしていたようです。私も、窓際でひなたぼっこを楽しむナナの姿を想像して笑みがこぼれました。

「最期を看取る」という飼い主の責任と覚悟

その後のある日、高田さんから「ナナの呼吸が少し荒い」と連絡がありました。来院を促し、すぐにレントゲンで肺のチェックをしました。残念ながら、肺にいくつかの転移病巣が認められました。抗がん剤を終えたことで、叩き切れていなかったがん細胞の勢力が強くなったと考えられます。この状況になると再度負担のかかる抗がん剤投与の選択はなく見守るしかありません。抗がん剤投与を終えてから2カ月後のことでした。

転移があることを高田さんに報告し、今後は今まで以上に注意深く見守っていく必要があることを伝えました。

その後は1カ月ごとに通院してもらい、レントゲンで転移の状況をチェックしていきました。ひと月ごとに転移病巣は拡大していき、3カ月めになると、肺は転移したがんで埋めつくされていました。ナナは呼吸が苦しそうで、見ている高田さんも辛かったと思います。しかし、その状況でできる治療はほとんどありませんでした。もう、最終段階にきていました。あとは、ナナがどう最期を迎えるか。これは高田さんがどう看取るか、ということです。

入院させて緩和ケアを行うのもひとつの方法です。院内の酸素ボックスで酸素吸入をし続け、呼吸の苦しさを少しでも軽減させ、流動食の強制給餌や、点滴での水分補給などを行う完全看護で最期を迎えてもらう、ということです。この場合、呼吸の苦しさや体の痛みは軽減されますが、体にはいろいろな管をつけ拘束されることになるため、結局体に負担がかかります。また、いくら至れりつくせりの完全看護でも、慣れない病院にいることはそれだけで大きな精神的ストレスがかかります。そして何より、どれだけこまめに連絡をとっても、ナナの最期を高田さんが看取れない可能性があります。

入院させて緩和ケアを行うには、ナナに精神的ストレスがかかること、最期を看取れない可能性があること、このふたつを覚悟しなければなりません。

苦しんだり痛がったりするナナの介護は辛いけれども、長い間過ごした家で家族に見守られて、安心して命を全うさせてあげる、という選択肢もあります。

これは高田さんと家族が決めてあげるしかありません。たとえ最期を看取れなくても、ナナが入院を不安がっても、とにかく肉体的苦痛を軽減してやることを優先するのか、それとも痛みや苦しさがあっても、安心して家族のもとから旅立たせてやるのか。

高田さんは、残り少ないナナの命を、自宅で最期まで見守りたい、と言いました。私は、心を鬼にして高田さんの覚悟を確認しました。

「見ているのが辛い状況になるかもしれません。それでも大丈夫ですか？」

高田さんは迷いなくこう答えました。

「はい。それでも最期まで見守ります。僕は、あの子を手のひらに乗るほど小さいときから見てきました。最後も、手の中で看取ってやりたい」

もう、通院は必要なくなりました。何かわからないことがあったら、すぐに電話をしてもらうよう伝えて、覚悟を決めた高田さんを見送りました。

その後の2週間、ナナは苦しそうな息をしながら横たわったまま、自分では起き上がれない状態でした。流動食を口に運んだり、スポイトのようなもので水を飲ませたりしても、苦しくて飲み込むことができず、流れ落ちてしまうようになりました。高田さんとご家族は、見ていても辛い状況にひたすら耐えながら、ナナを見守り続けました。高田さんは、ほんの少しでも苦しくないようにと、ナナの口の中を、水を含ませた布で湿らせるなど誠心誠意ナナのためにつくしました。

家族みんなで「辛い状況になっても、できるだけ励まし続けて、最期まで看取ってあげよう」と決めて、一生懸命に世話を続けたのです。

挨拶をして旅立ったナナ

ついにカウントダウンに入りました。水も飲み込めなくなってから3日後のことです。

家族に見守られながら、最期の瞬間、ナナは声にならない声を出しました。高田さんには、「ニャー」というような、音のない鳴き声が最後の挨拶に聞こえたそうです。静かに体がのけぞりはじめ、呼吸が止まりました。

高田さんは、その後2時間もナナから離れられず、体が硬直しはじめたころ、やっと死という現実を理解できたと言います。

「2時間の記憶はありません。まるで時間が止まっていたようでした」

後に病院に足を運んでくれた高田さんはこう話していました。放心状態だったのでしょう。

高田さんは、人生における大きな「役割」を、最後まで果たし、ナナを立派に見送ったのだと心から感じました。

生まれたての目も開かないような状態で、高田さんのところに保護されたというのは、それ自体が奇跡の出会いです。高田さんとナナの出会いは必然的な運命だったのでしょう。こうした形で保護された子猫は1カ月もしないうちに突然死することも少なくありません。ナナだって、うまく育つとは限りませんでした。高田さん家族とナナは、ともに最初の難関を乗り越え、ともに長年愛情を与え合ってきたのです。人間とペットには、偶然の出会いなど存在しません。はじめから必然的に出会う運命だったのです。

ナナとの出会いは、高田さんの人生において、魂の成長における重要なプロセスだったのだと思います。辛い闘病を見守ることすら、魂の修行だったのではないでしょうか。高田さんとご家族は、ナナの最期に向き合うことで、多くのことを学んだことでしょう。

あらゆる生き物を飼うすべての人たちが、さまざまな場面で、難しい選択を迫られることがあります。しかし、どの選択肢を選んだとしても、間違いというものはありません。選択をあとで「よかった」と思えても、たとえ「間違っていたのではないか」という迷いや後悔になっても、魂の学びには違いないからです。

飼い主のなかには、ペットが亡くなった後に「あのときこうすれば苦しまなくてすんだのではないか」「もっとこうすればよかったかもしれない」と話す人はたくさんいます。しかし、ペットを想って考え抜いて出した決断を否定してはなりません。そのときの想いさえも否定することになってしまうからです。人間である以上、必ず後悔はあります。けれど、それらもすべて受け入れましょう。考え抜いた選択に「不正解」などないからです。

人間は世に生まれる前から「人生のシナリオ」が決まっていると言われます。生まれてから死ぬまで、いろいろな出来事が起こり、いろいろな選択をしながらシナリオにそって生きていくようになっています。それは人間としての役割を全うし、魂を成長させるために必要なこと。大切なのは、自分が選択した道で何を学ぶかということです。人生は選択の繰り返しです。自分の自由意志で選択したルートを歩み経験を積んで学び取る。選択の結果は必ず成長につながります。人間としての成長というより、もっと根本的な魂の成長です。魂の成長を実感しながらあの世に戻っていくこと、それが人生のゴールということです。

ペットの死と向き合うときにも、いろんな決断があっていいのです。あとで後悔してもいい。すべては、魂の成長につながるのですから。後悔することがあっても、それを引きずらないでください。たったひとつ、選択の中心に「ペットに対する愛情」があればそれだけでいいのです。ペットはどんな決断をしたとしても、あなたの愛情に感謝することでしょう。ペットは、あなたの愛を知っています。

7章

ポポ

絶望のどん底にいた母親を救ってくれた茶トラの話

生き物を愛することは人間にとっての「学び」

長年獣医師をしていると、実にさまざまな飼い主とペットに出会います。その中でも、40代女性の鈴川さんとポポの関係は特に印象的でした。ポポは茶トラで3キロくらいのオス猫です。

鈴川さんとポポが初めて来院したのは、ポポが10歳のときでした。下痢と嘔吐の症状がありましたが、一時的なものですぐに良くなりました。その後は元気に過ごしていたようです。

しかし14歳を超えた年、ポポが再び体調をくずして再来院しました。診察と検査をしたところ、老猫に多い慢性腎不全にかかっていました。そこで週に1回、定期的に点滴通院をすることになったのです。

慢性腎不全の場合、毎回5分くらいかけて背中に皮下点滴を行います。ポポは、慣れない診察室の診察台に乗せられて、いつも緊張気味でした。しかし、鈴川さんが体をそっと押さえると、緊張がユルユルと解けて安心する様子が見てとれました。点滴が終わって解放されると、ポポは毎回鈴川さんに向かって「ニャー」と鳴きます。それはまるで「終わったから早くお家に帰ろう」と語りかけているようでした。

毎週そんな様子を見て、ふたりと接しているうち、私は鈴川さんとポポの絆の深さに驚き、さらにお互いの間には不思議なつながりがあるのではないかと思うようになりました。

私は鈴川さんとポポのことがもっと知りたくなり、来院されるたびにいろいろな話を伺うようになったのです。

話はさかのぼりますが、鈴川さんが初めてペットを飼ったのは中学生のころだったそうです。親御さんが、近所の家で生まれた雑種の子犬をもらってきたのです。子犬はころころしていて、かわいくてたまらなかったのを今でも覚えているとのことでした。自分が飼いたいと思って飼ったというわけではなかったものの、鈴川さんは子犬の母親になったような気持ちで面倒を見ていたそうです。「生まれて初めて飼うペットなのに、鈴川さんは本当に自然に動物を受け入れることができたんだなあ」と感心しました。

人生で初めてペットを飼うというとき、すべての人がすぐに受け入れられるとは限りません。「かわいい」とは思いながらも、ちょっと気おくれして、どうしていいかわからなくなってしまう人も少なくありません。

　ただ「もともと生き物を飼う運命にある人」という人がいて、そういう人は、自分の意思で飼ったわけではなくても、すんなりと受け入れられる傾向にあるようです。おそらく前世からペットや動物たちとの関わりが深かったのではないでしょうか。鈴川さんもそうした運命にある人だったのだと思います。

　私たちはもともと「魂の世界」の住人です。そして、この世に何度も生まれ変わります。それは魂を成長させ、さらなる高みを目指すためだと言われています。魂の世界は「愛の世界」とも言えます。この世に生まれ変わるたび「自分に、他人に、そして生き物に愛を与える」ことで、魂は成長していくのです。この世には多くの苦難があります。苦難の中で、いかに自分を、他人を、生き物を愛するか、それが魂を成長させるための学びになるのです。生まれて初めてのペットを前にして気おくれしてしまった人も、今世で生き物を愛することで魂が成長し、来世ではきっと抵抗なく生き物とともに歩んでいけると思います。

　鈴川さんの家にやってきた子犬は、大きな病気もせずにスクスクと育ちました。いつも元気いっぱいで、散歩でも鈴川さんが振り回されるくらいだったそうです。唯一、問題だったのが耳でした。垂れ耳だったせいか、耳の中がすぐに汚れたり、炎症を起こしたりして痒《かゆ》がるので、そのたびに動物病院で治療してもらっていました。実際、外耳道炎が慢性化すると、なかなか根治が難しくなります。

耳の治療を繰り返しながらも、このワンちゃんは長生きしました。高校生だった鈴川さんも成長し、地元の大学に通うためひとり暮らしをすることになりました。その間はワンちゃんと離れ離れでしたが、大学卒業後は実家に戻りました。再びそのワンちゃんと暮らせて、お互いに心の絆を深め合えたのです。

そして、ワンちゃんが18歳のとき寿命が訪れました。鈴川さんも穏やかな最期を看取れたとのことです。

この子のように、大きな病気もせず長生きし、大好きな家族のいる家で安心して天国に旅立てる。これが一番だと思います。しかし現実には、さまざまな病気にかかることもあり、飼い主もペットも苦労するケースがたくさんあるのです。このワンちゃんの場合は、生涯を通じて、とても幸運だったと言えます。

飼い主とペットは「運命の糸」で結ばれている

　ときは流れ、鈴川さんが30歳を超えたころのことです。鈴川さんは結婚して子どもにも恵まれ、子育てに苦労しながらも幸せな家庭を築いていました。

　結婚から5年ほどが経ったある日、鈴川さんは保育園のママ友の家に遊びに行きました。その家にはかわいい猫ちゃんが2匹いたそうです。鈴川さんは興味津々で、その友人に「ペットが家の中にいても大丈夫?」「両方とも、ケガをしたりしない?」と、小さい子どもとペットの同居についてたずねてみました。友人にいろいろと話を聞いた鈴川さんは、自分の家でも、子どもと一緒にペットを飼ってみたくなりました。ペットがかわいいというだけではありません。子どもが成長する過程で、動物がいる環境は、子どもの情操教育にもつながると考えたそうです。

　家に帰り、さっそくご主人に「動物を飼ってみるというのはどう?」と相談しました。ご主人も昔、実家でペットを飼っていたことがあり、気軽に「それもいいかもな」と言ってくれたそうです。

鈴川さんはさっそく、どこでどんな動物を飼えばいいかを調べはじめました。近くのペットショップを回ったり、インターネットで調べたり、新聞などで里親募集などがないかチェックしたり。鈴川さんは「この期間がとても楽しかった」と笑顔で話していました。

そんなとき、ママ友仲間のひとりに

「動物保護施設で、里親を募集している動物を見てきてみたら？」

と勧められたそうです。数日後、鈴川さんはさっそく、ご主人と子どもと一緒に動物愛護施設を訪れました。そこには、たくさんの犬や猫が保護されていました。

実をいうと、このときすでに「猫を飼おう！」と決めていたそうです。鈴川さんはフルタイムの仕事をしており、夫婦ともに忙しく、保育園の送り迎えも必要で、毎日の散歩が必要な犬は難しい、というのがご夫婦の結論だったのです。猫ならばひとりで留守番もできるし、吠えて近所に迷惑をかけることもないだろうから、うちには向いていると考えたそうです。そして、動物保護施設を訪れ「なるべく性格の穏やかな猫ちゃん」を引き取りたいと思っていました。

保護施設では多くの猫ちゃんたちがのびのびと過ごしていました。猫ちゃんたちと実際に触れ合い、性格や相性を確認することもできます。動物は、同じ環境で育てられていても、それぞれ性質が違います。人間と同じで、先天的な性格が違うのです。もちろん環境によっては警戒心が強かったり怯《おび》えが強かったりと、後天的に加わる性格もあります。どんな性質なのかは、実際に会って、触れてみないとわかりません。初めて動物を飼う際には、写真や動画などを見るだけで決めず、必ず実際に触れ合って相性を確かめてから飼うことをお勧めします。

鈴川さん家族も、1匹1匹と触れ合い、その子の性質やお互いの相性を確認していました。そのとき鈴川さんは、1匹の茶トラ猫に目を奪われました。鈴川さんは少し遠くにいたその子に、他の猫ちゃんたちとは明らかに違う雰囲気を感じたというのです。それはまるで、運命の人と出会ったような感覚だったそうです。茶トラ猫に近づき近くで顔を見てみると、お互いの目と目が合いました。その瞬間、鈴川さんの心はその子に吸い込まれました。自然に手を伸ばし、気づいたらその子を抱き上げていたそうです。鈴川さんは、その子を胸にもたれさせて腕の中におさめました。すると、心がほわーっと温かくなり、とてつもない安心感を得たそうです。そして、なぜかわからないけれど「この子しかいない!」そんな感覚になったと言います。そんな感覚になったのは、鈴川さんにとって初めての経験で、ご自身でもとても驚いたそうです。

私はもともと「ペットと飼い主は偶然にではなく、必然的に出会っている」と考えていました。ですから、鈴川さんにこの話を伺ったときは「やはり、出会う運命というのはあるんだ!」と確信しました。この人生で出会うことが前もって決まっていたかのようです。

一説によると、人間が生まれる前に人生のおおまかなシナリオが決まっていて、魂の成長のためにその道を選んでこの世に出てくると言われています。もしかすると、鈴川さんの場合、今回の人生では動物を飼って動物を愛することの意味を学ぶ予定だったのかもしれません。そして、動物との生活においていろんな楽しいこと悲しいこと辛いことを学び、人間として天から与えられた役割である「生き物に愛を与える」ことを実践する人生かもしれません。

人生は何かと辛いことが多いものです。もしかしたら前世以上に辛いかもしれません。けれどそんなときにも、運命の糸でつながったペットは、必ずあなたの支えになってくれるはずです。そして、今世で動物との深い愛を学ぶのです。

ペットを飼うとき、人間は「直感」で選んでいると思いがちです。それも正しいのかもしれませんが、実は、あなた自身もまたペットに選ばれているのかもしれません。ペットの生涯には、あなたの魂の成長を補助する目的があるのです。

人間と生き物が、飼い主とペットとして出会うことには、深い意味があります。鈴川さんが、ポポと目を合わせたときに体験した不思議な感覚は、運命の糸でつながったお互いの心が響き合ったからなのでしょう。

ペットは人間に「今を生きる」大切さを教える

「運命の出会い」のあと、ポポは鈴川さん一家の家族になりました。ポポは生後6カ月前後で、すでに去勢手術もすんでいました。家に連れて帰ってもらったポポは、新しい環境に慣れないせいか、ソワソワして落ち着きがなく、キョロキョロして、しばらくの間は自分の居場所を探しているようだったとのことです。しかし1時間もすると、鈴川さんが用意していた猫用ベッドに自分から入り、丸まって休みはじめました。鈴川さんが用意していたベッドが安心な場所であることを知っているようだったそうです。確かに、新しい家に来た猫ちゃんが、たった1時間でくつろぎはじめるのは、かなり早い方です。

その後、ポポは家族との暮らしに馴染み、鈴川さんは忙しくも幸せな日々をしばらく過ごしていました。

そんなある日、大変な事件が起きました。

鈴川さんのひとり息子が外で遊んでいる最中のことです。息子さんが道路に出たタイミングで、スピードを出していたオートバイに衝突してしまったのです。周りにいた人が事故に気づき、すぐさま救急車で病院に搬送されました。しかし、出血が多く、運び込まれて間もなく息子さんの心臓は止まってしまったのです。必死の蘇生処置が施されたものの、息子さんがこの世に戻ってくることはありませんでした。

鈴川さんはしばらく放心状態で、言葉ひとつ発することができなかったそうです。感情がよみがえり、大声で泣き叫ぶことができたのは、ずいぶん経ってからだったと言います。言葉では言い表せないほどのショックだったことでしょう。自分の存在意義すら見失いかねない状態だったと思います。

鈴川さんは、仕事も家事も何ひとつできない状態になりました。仕事は休職し、家事はご主人がサポートしてくださったそうです。鈴川さんは食べる気力も失い、体重は15キロも減りました。もちろん、ご主人も同じように苦しんでいました。

精神的にボロボロになり、絶望に打ちのめされていた日々のなか、ポポだけが普段とまったく変わりませんでした。鈴川さんが用意してくれたお気に入りのベッドに寝転がり、ときおり鈴川さんの足元に来てはグルグル喉を鳴らしながら、頭をこすりつけてきます。悲しみのなかでそんなポポの姿を見ているうち、鈴川さんの心にこんな気持ちが生まれてきました。

「死んでしまいたいと思っていたけれど、もし私がいなくなったら、ポポはどうなってしまうの？　こんなにも愛情をくれているじゃない。今もこんなに苦しくて悲しいし、それは永遠に続くと思うけれど、それでも私はポポに癒やされている」

また、鈴川さんがテーブルに突っ伏して泣いていると、ポポは、静かにそばにやってきて、腕に頭をスリスリとこすりつけてきたそうです。

「本当に私の悲しみを理解して、なんとかなぐさめようとしてくれているようでした」

と話していました。

ペットは言葉を話せませんが、そのかわり愛する飼い主に心で話しかけてきます。ペットの「言葉」は、その行動や表情です。お互いが心から通じ合っている関係ならば、人間は、ペットの気持ちや言いたいこと、伝えようとしていることがわかります。お母さんと生まれたての赤ちゃんが、表情や態度で会話しているような感覚です。

動物は人間と違い、過去を悔やんだり、未来を不安がったりはしません。「今」を生きています。過去の幸福を懐かしんだり、未来に起きるかもしれない不幸を心配したりしないのです。どんな不幸があっても「今」を精一杯に生きようとし、「そうあってほしい」と飼い主に伝えようとします。

動物にもいろいろな感情があり、人間に虐待された経験などがトラウマになって人間を信用しなくなることはあります。しかし、基本的には今その瞬間を生きています。「今」という瞬間の積み重ねが、自分の人生をつくり上げることを本能で知っています。心が通じ合うペットは、知らず知らずのうちに「この瞬間を大切に生きること」を飼い主にも伝えてくれるのです。

鈴川さんは、ポポの表情や態度から「今を生きる」ことを学びました。子どもを失った悲しみは果てしなく深い。それでも、いつまでも悔やみ悲しんで、ただ生きる屍のままでいることは、自分にとっても家族にとってもペットにとっても、ひとつもいいことはない。このことに気づいたのです。

鈴川さんは深い悲しみのなかにありながらも「今を一生懸命生き、明るい将来をつくることこそが大切で、亡くなった息子もそれを望んでいるはずだ」と思うようになっていきました。それに気づかせてくれたポポをなでたり話しかけたりしながら、鈴川さんは少しずつ気持ちが穏やかになり、笑顔を取り戻していきました。

そして「ポポにおいしいごはんを食べてもらうためにも」と仕事にも復帰し、一生懸命前向きに頑張ったそうです。

20歳になったポポとの絆

ポポの治療はもう6年になりますが、先日なんと20歳を超えました。鈴川さんは、毎週定期的にポポのために時間をつくり、容態が悪くならないように通ってきてくれます。家では、食事や水の摂取量に変化がないか、排泄物に異常はないか、しっかり管理されていたようです。日常生活での嘔吐や下痢でも脱水症状が起きます。脱水が進むと慢性腎不全も進行してしまうので、その点は私も注意していました。それにしても、鈴川さんの治療に対する一生懸命さには感服しました。

鈴川さんがこれだけ一生懸命になれるのも、鈴川さんはポポとの長い付き合いの中で愛につながる深い絆があったからではないでしょうか。生き物に愛を与えるという天から与えられた人間の役割を果たし、心の絆を深めること、そして最後の瞬間まで愛を注ぐことの大切さをポポは教えてくれているのだと思います。もしかしたらお子さんの死も含めて、ポポと最後まで運命をともにすることが、生まれる前に決められていたのかもしれません。

「ペット」と呼ばれる動物たちは、１００％飼い主に依存して生きています。人間の赤ちゃんと同じように弱い立場の生き物です。食事・運動など健康の維持、居心地の良い環境づくり、治療の選択、最期を迎えるまでの過ごし方、すべてを人間が考える必要があります。そして心からペットを愛せば、ペットからも愛が与えられる。こうして、お互いに愛を与え合い、絆を深め合うことができるのです。

そうした関係から学ぶべきことは「愛のあり方」です。どうすれば愛を伝えられるのかを学び、さらに最後まで愛し続けることの大切さを学ばなくてはいけません。ペットを飼う、ペットをかわいがることとは、「愛を学ぶこと」にほかならないのです。

慢性腎不全を抱えながらも、鈴川さんにあふれんばかりの愛情を注がれているポポ。ふたつの心の絆は、今もなお、日々強くなっていることが私から見ていてもわかります。どうかこれからも幸せに長生きしてくれることを願わずにはいられません。

鈴川さんは「ポポには毎日素敵なものをいろいろ与えてもらっています」とも話していました。悲しいときにはなぐさめ、嬉しいときに一緒に喜び、常に鈴川さんの気持ちに寄り添い、癒やしを与えてくれています。それは、鈴川さんが日々惜しみない愛情をポポに注いでいたからにほかなりません。

8章

陸

男性飼い主さんが、大型犬の真のリーダーになるまでの話

最低限のしつけは飼い主の責任

「犬のしつけ」と聞くと、「特別なテクニックがいるのではないか？」という印象を持つ人もいるでしょう。しかし、あまり難しく考える必要はありません。

確かに麻薬探知犬や盲導犬や介助犬など、特別な仕事や役割を与えられた犬は、専門家による厳しい訓練が必要です。利用者を危険にさらすことがないよう、役割をしっかりと果たせるよう長い期間の訓練を受けなくてはなりません。

しかし家族の一員として飼う場合には、最低限のしつけをすればいいだけです。家庭犬に必要なしつけは、大きく分けて2種類あります。

ひとつめは「愛犬が他人に迷惑をかけないためのしつけ」です。例えば、無駄吠えが多いとご近所に迷惑がかかります。また散歩中、すれ違った人に飛びついたり、他の犬に噛みついたりするのも、迷惑なだけではなくケガをさせるなど、大きなトラブルになりかねません。社会に迷惑をかけないしつけをしておくことは飼い主としての義務でもあります。

ふたつめは「愛犬が家族（飼い主）に迷惑をかけないためのしつけ」です。家具への噛みつきや粗相などで飼い主にストレスがたまってしまうと、犬を飼い続けること自体が辛くなりかねません。犬を迎え入れたときから、自分たちのためにもきちんとしつけておくことが大切です。そのためには、家族という「群れ」において、誰がリーダーなのか、を明確にしておくことが必要になります。これはひとり暮らしで犬を飼う場合であっても同じです。

まずは、このふたつをきちんと知っておいてください。そして大切なのは、飼い主自身が「最低限の社会的ルール」を守ることです。「最低限の社会的ルール」とは、例えば無駄吠えをなくすしつけをするのはもちろんですが、吠える可能性があるならば部屋の防音対策を行うことも必要でしょう。また屋外の小屋で飼う場合には、道行く人や来客に飛びつくことがないよう、小屋の位置やチェーンの長さなどをしっかりと考えてください。

散歩中の排泄物は大小にかかわらず必ずその場できちんと処理すること。散歩中はどんなにおとなしく後をついてくる犬であっても必ずリードをつけ、なおかつ通行人などに近づきすぎないよう適切なリードの長さを保ちましょう。吠えたり噛みついたりはしなくても、犬が苦手な人は急に近づかれるだけでも恐怖を感じることがあります。

ペットを飼うことには責任がともないます。絶対に「うちの子は大丈夫だから」と思わず、飼い主の側も社会のルールをきちんと守る必要があることは、決して忘れないでください。

さて、肝心の犬のしつけですが、専門家の訓練を受けなくても、ちゃんとご家庭でできます。にもかかわらず、しつけに失敗して困っている飼い主も少なくありません。「うちの犬は、ぜんぜん言うことをきかなくて困っちゃうんです」という方はたくさんいます。愛犬が飼い主の言うことをきかなくなる大きな原因は、飼いはじめの際に、うまく「主従関係づくり」ができなかったことにあります。

愛犬が子犬のころから通っている杉原さんも、ペットのしつけに悩んでいました。愛犬は黒いラブラドールレトリバーの陸。1歳になる男の子です。陸は、ブリーダーさんから譲り受け、家族になりました。家にやってきたころは、ころころと駆け回って愛らしく、杉原さんはまだ小さなその子を抱き上げてはかわいがっていました。さて、ワクチン接種をすませ、生後5~6カ月には去勢手術もすませました。だんだんと体もしっかりしてきて、外に散歩に行くと彼はそのやんちゃぶりを発揮しはじめます。

とにかく、散歩に出れば人や生き物や植物、見るものすべてに興味津々で落ち着きがなく、どこまでも杉原さんを引っ張っていってしまいます。大型犬の陸ですから、1歳近くなると、体は子犬のころとは見違えるくらいに大きく、力も非常に強くなります。杉原さんは常に陸に引きずられるようになってしまいました。杉原さんも必死で「ノー！」と強く言いながら引っ張り返すのですが、陸は興味の対象にまっしぐら、杉原さんの声など耳にも入りません。引っ張り合いで首が絞まりそうになっても、喉をヒューヒューいわせながら、突き進んでしまうのです。このような状況は、犬の首や気管にも負担がかかり、放置していい状態ではありません。

杉原さんは、本やインターネットでしつけの情報を探し、自分なりにいろいろな方法を何度も試してみたそうですが、どれも上手くいかず困り果てて相談に来たというわけです。

診察に来たときも元気いっぱいではありましたが、最初のうちはヒョイと抱き上げて診察台に乗せることもできるくらいの大きさでした。しかし、みるみるうちに診察台に乗せるのもやっとという大きさに成長しました。子犬のときから飼っていると、そのあまりの愛らしさに胸を撃ち抜かれてしまって、つい甘やかしてしまう飼い主はたくさんいます。しかし、ただただかわいがりすぎてしまうと、基本的な主従関係をつくることができません。犬が飼い主を「リーダー」と認めていないと、いくら「これをしてはいけない！」と強く言い聞かせても、まったく言うことをきかない犬に育ってしまうのです。家具を破壊し無駄吠えをして、自分の思い通りにならないと飼い主に噛みつく、などということもあります。さらに、子犬のときに周りの環境や状況に適応できるようにするための社会化ができていないと散歩中にも、自由気ままに他人に飛びついたり、ほかの犬に突っかかったりします。

実際、当時の私の病院でも、診察室で暴れる子を押さえきれない飼い主はたくさんいました。しつけそのものは難しくないのですが、主従関係性ができていないために、抑制のきかない犬になってしまうのです。

杉原さんの場合も、最初の時点で主従関係をつくることができず、基本的なルールを教えきれなかったことが大きな原因でした。

強制的に服従させることは「しつけ」ではない

犬の祖先である狼はリーダーによって統率された群れを作って生活してきました。群れの中でリーダーに従い、それぞれの役割を果たしながらリーダーと仲間に守られて暮らしていきます。犬も本質的にはそうした生き方がＤＮＡに刻まれた動物です。

つまり家庭の犬も、家族という群れの中で、信頼できるリーダーに導かれながら、安心して暮らすのが本来の姿なのです。

小さくて丸くてころころとかわいらしい子犬の姿を見て、溺愛してしまい、ルールに反したことをしても放任してしまうという接し方をすると、誰が群れのリーダーなのかわからず、統率されない状態になってしまいます。そうすると、犬も行動の指針を失い、好き放題に振る舞ってしまうわけです。そうなってしまってから「言うことをきけ！」と叱っても、「リーダー」と認識されていなければ、きくはずもありません。

飼い主だけが「自分がリーダーだ」と思い込んでいても、犬はそう思っていないのです。むしろ「今さらリーダー面されても……」と、困ってしまいます。「付け焼き刃リーダー」は認めてもらえません。

また犬はリーダーと認める存在がいない場合、自分がリーダーになろうとすることがあります。そうすると「この群れ(家)の中で一番偉いのは自分だ」と感じ、言うことをきかないだけではおさまらず、飼い主を支配しようとするケースも出てきます。そのため、自分の思いどおりにならないと、飼い主に吠えたり、噛みついたりするのです。

飼い主は群れのリーダーなのだ、ということをしっかり理解させないとしつけはできません。リーダーだと認めていない人から、急に1歳を過ぎてから叱られては、犬も困惑してしまいます。言うことをきかない犬というと、迷惑しているのは飼い主の方だけだと思うかもしれませんが、リーダー不在のままやたらに叱られる犬も大きな迷惑をこうむっているのです。

飼い主は、こうしたことをきちんと理解して犬と接してください。家族の一員となった瞬間から、自分がリーダーであることを教え、そのうえで社会的ルールと家庭内ルールをしっかりと教えていけば、大人になっても誰にも迷惑をかけることのない子に育っていきます。

もちろん、同じルールを教えるにしても、感情のままにしつけるのと愛情を持ってしつけるのでは、結果に大きな違いが出ることも知ってください。

例えばしつけの段階で、「できないから」とイライラして大声で怒鳴ったり、大きな音で脅したり、痛みで体に覚えさせようと叩くことは愛犬の心を強く傷つけます。昔よく使われていた方法ですが、トイレに失敗したとき、犬の鼻先を抑え床にこすりつけて叱ったり、お尻を叩いたりする方法も同じです。言うことをきかないと困るからと、感情のまま強制的に服従させようとするのはしつけではありません。「強制的に服従させる」と「主従関係を築いて従わせる」ことは、大きく違うということを決して忘れないでほしいのです。

ペットと飼い主の関係性が崩れると、常にビクビクして怯える子になってしまったり、自分がリーダーになろうとして飼い主を攻撃する子になったりします。どちらにしても、飼い主が愛犬に愛されることはないでしょう。別れが来る日まで、お互いに辛い関係を続けることになってしまいます。

たとえ理想的な関係が築けない状況でも、飼い主と愛犬の間にはなんらかの縁があるはずです。縁あって出会い、ともに暮らすのであれば必要な主従関係をきちんと結び、最期の日までお互い愛し愛され生きていくことを学びたいものです。

だからこそ愛情を持ってしつけてください。そのためには、覚えるまでに時間がかかっても自分が焦らない、また犬を焦らせないことです。犬が人間界のルールを知らないのは当たり前です。それを覚えようとしているのですから「時間がかかっても仕方がない。失敗するのは当たり前」と認識しましょう。1回ではできないことが当たり前と思って、根気よく何度も教えるのです。最初から「根気よくのんびりやろう」と覚悟を決めてしまうと、イライラすることも減るはずです。

どんなにかんたんなことでも、少しでもできたら笑顔で「できたね！　いい子だねー！」とテンション高く言葉を発し、飼い主の喜びを精一杯伝え、頭や体を「よーしよしよし！」となでてあげる。そしてご褒美のおやつをあげるといった愛情を示すと、何がよいことなのか伝わりやすいです。

こうしたしつけを通じて、ペットと飼い主の主従関係は形成されていきます。犬は飼い主をリーダーと認め、信頼して従順になるでしょう。飼い主は、そんな愛犬が愛おしくてたまらなくなるはずです。

リーダーである飼い主が愛情を持ってしつけ、しつけ以外のときにも愛を注ぐことで、愛犬は家族という群れの中で自分の役割をしっかりと果たしてくれます。愛犬の役割とは、飼い主からもらった愛情をしぐさや鳴き声で返すこと、飼い主の喜びを察知して一緒に喜ぶこと。そして、飼い主の悲しみや寂しさを察知して寄り添いなぐさめ、精神的な支えになることです。

それができたとき、お互いはもう絶対に離れられない存在になっていきます。

犬に信頼される「真のリーダー」になろう

しつけの基本は「根気よく繰り返し続け、上手くいったらじゅうぶんに褒める」ことです。飼い主と愛犬は、言葉のやりとりこそできませんが、心のコミュニケーションは可能です。愛犬は飼い主の喜怒哀楽を、表情や態度を読み取って心でキャッチします。ですから、ダメなときは表情に出しながら「ダメ！」と毅然とした態度で言い、褒めるときは心の底からの笑顔で「いい子！」と褒めましょう。声や表情のメリハリを大きくすると、愛犬は飼い主の気持ちをしっかりと受け取りやすくなります。

こうした繰り返しによって、やがて犬は自発的に意欲的に、教えられたルールを守るようになっていきます。ときにはルールを破ってしまうこともあるでしょうが、そのときも感情的に大声で怒鳴ったり叩いたりせずに、愛情を持ってしかし毅然として「ダメ！」と言い聞かせましょう。

できることが当たり前になると、つい忘れがちになってしまいますが、ルールを守れたときは、いつでもおおいに褒めてあげてください。そうすることで、愛のつながりがより深まり魂のつながりもより強いものになっていきます。

ただし、こうした主従関係がしっかりしていても、ときには愛犬が本能でリーダーになろうとすることがあります。体に乗りかかってきたり甘噛みをしてきたりと、いろいろな挑戦をしてくることも出てくるかもしれません。そんなときは、人間が愛情を持って、しっかりとリーダーのエネルギーを示すことで解決できることがあります。リーダーのエネルギーというのは、愛犬への責任があるという意志と心構えのことです。飼い主が「噛まれたらどうしよう」とか「もう吠えないで……」と、ビクビク、オドオドしていてはリーダーとして認めてもらうことはできません。だからといって怒鳴り散らしたり叩くことで犬を威圧するのではなく「飼い主としてこの子への責任を果たすんだ！」という意思を持って、穏やかに、かつ毅然とした態度で接することです。愛情と強さ、そして威厳を、できるだけ明確に表情、姿勢、声で表に出すのです。リーダーのエネルギーを示すことで、愛犬はあなたに信頼を寄せ、自分が上に立とうとすることをやめて従順になっていきます。

「しつけ」というのは、何か特別な任務を与えてやり遂げさせることではなく、また、人に見せる芸を教えこむことでもありません。家庭で、近隣の社会で、お互いが気持ちよく暮らすための最低限のルールを教えることです。教える側に忍耐は必要ですが、内容自体はそう難しく考えなくて大丈夫です。

まずは「待て！」を教えると良いでしょう。無駄吠えしたとき、人や犬に飛びかかろうとしたとき、家具に噛みつこうとしたとき、トイレ以外で排泄するのを見つけたときなどには「待て！」と制します。ほんの一瞬でもやめることができたら、喜びをはっきりと表情やしぐさに出して褒めてあげてください。根気よく繰り返して教え、できるたびにほめると、愛犬は飼い主を喜ばせたくて、自発的に「待て！」ができるようになっていきます。

先ほどもお伝えしたとおり言うことをきかなかったときに、威厳を保って「ダメ！」と叱ることも大切ではあります。しかしそれ以上に、少しでもできたことを大げさに褒めて、ご褒美をあげて愛犬の自主性を養うことはもっと大切です。

ちなみに、社会と家庭内のルールを守る以外の「お手・おかわり・おすわり・ふせ・チンチン・(食事の)待て」といった芸を教えるしつけをしてもかまいません。愛犬にとっては、リーダーに従順であることを示す機会であり、またできれば褒めてもらえるチャンスです。飼い主にとっては、その愛らしいしぐさと、自分に従ってくれる愛おしさから、喜びと愛情を愛犬に伝えられる瞬間です。「お手」や「おかわり」などは、別にできなくてもかまわないのですが、お互いの愛情を示し合う機会がそれだけ増えますから、教えてあげてもいいと思います。

また「おすわり」は、ヤンチャをしようとしたときの「待て！」の代わりとしても使えます。

子犬のしつけはアイコンタクトがポイント

これから子犬を飼う方にもうひとつアドバイスを。家に子犬を迎えたら、まず家の中で安心できる場所を提供してあげてください。家にきたばかりの子犬をかまいすぎるのもガマンしましょう。子犬はとにかくかわいいので、つい、かまいたくなる気持ちはわかりますが、あまりかまわれすぎると、体力がない子犬は疲れ果ててしまいます。環境に慣れるまでは、やたらにいじくりまわさず、なるべくそっとしておくのも愛情のひとつです。そして、ご飯やトイレなど、子犬と関わるときは、優しい眼差しでアイコンタクトをとっていくと良いでしょう。

環境に慣れて飼い主にも慣れてきたところで、自分がリーダーである、というエネルギーを示していきます。繰り返しになりますが、威圧的に恐怖を抱かせてはいけません。毅然とした態度をとりつつ愛情を持って「待て！」と「だめ！」を、根気よく繰り返すことが大切です。こうした言葉を発するときは、名前を呼びながら強めの眼差しでアイコンタクトをとるとよいでしょう。そして、偶然でも、ほんのちょっとでもできたことがあれば、笑顔を見せてオーバーアクションで喜び、褒めてあげてください。このときも名前を呼びながら喜びの眼差しを向けてアイコンタクトをとると、子犬は飼い主の気持ちを受け取りやすくなります。このように、少しずつ「イエス」と「ノー」を教えていけばいいのです。

犬も人間と同じように、性格は千差万別です。長時間は集中できないタイプの子もいれば、根気よくやれるタイプの子もいます。もともとヤンチャな子もいれば、比較的穏やかな子もいます。そういった性格を見極めて、褒めるタイミングやしつけの時間などを工夫してみてください。

ドッグトレーナーに頼る方法も

今回の杉原さんのケースのように、子犬のときにきちんとしつけられなかった子を、成長してからしつけ直すのはかなり大変です。これから杉原さんが群れのリーダーになるには、彼自身が「リーダーとしての自信と自覚」を明確に持つ必要があります。愛情、強さ、威厳、信頼感を陸に示すことができれば、やがて、リーダーとして認めてもらえる日も来るのではないかと思います。

しかし、それでもどうしても上手くいかない、ということもあるでしょう。そうしたときには犬のしつけの専門家であるドッグトレーナーに頼るのもひとつの方法です。家庭犬の場合、周りの人や犬に迷惑をかけないための基本的訓練や、飼い主に服従する訓練などをしてもらえます。

訓練所に預けるケースと家に訪問してもらうケースがあり、どちらも「トレーナーに犬だけをまかせっきりにするシステム」と「飼い主も一緒に訓練するシステム」があります。訓練所に通う場合でも、訪問してもらう場合でも、ドッグトレーナーにまかせっきりにする方法はお勧めできません。飼い主と愛犬の主従関係、絆をじゅうぶんに築けないからです。飼い主と愛犬が一緒に訓練できるシステムを利用すべきです。

信頼できるドッグトレーナーは、獣医師に紹介してもらったりインターネットで検索したりするのが一般的です。インターネットで探す場合は、ホームページで考え方や訓練の方法をしっかり確認し、複数のホームページを見ること。ドッグトレーナーのプロフィールはきちんと読んでください。そもそもプロフィールが書かれていない場合は要注意です。また実際にトレーナーと面会してポリシーを聞き、昔ながらの威圧的なしつけをするのか、褒めるしつけを行うのかを見極めることも大切です。

こうして信頼できるトレーナーが見つかったら、あなたと愛犬で一緒に訓練を受けて、リーダーとしての自信を備え、愛犬との主従関係を築いてください。もちろん訓練のとき以外でも愛情を注ぎ「心の絆」を深めてください。

杉原さんには、私からドッグトレーナーを紹介しました。週に2、3回自宅を訪問してもらい、杉原さんと陸はそろって訓練を続けたのです。おかげで今では、きちんとした主従関係が結べ、陸は杉原さんに従順になってくれました。もう散歩中に杉原さんを引きずって他の犬にじゃれかかることもありません。

杉原さんの場合、最初から愛情はありあまるほどにかけていましたから、主従関係さえ築ければ、今後は何ひとつ問題なく過ごせるのではないでしょうか。

成犬を引き取るときに知っておきたいこと

保護施設や保健所などで、1歳以上の成犬を引き取って家族に迎える場合は、大人になった犬との間に主従関係を築き、しつけをして、絆を深めていく必要があります。しかしかんたんにはいかないこともあります。

保護施設で猫を迎え入れる話のときにもお伝えしましたが、写真を見て、その子の性格、境遇などのプロフィールを読んだだけで「この子がいい!」と決めず、まず、施設を訪れ、実際に性質や相性を確認することは必須です。あまりにビクビクして人間不信になっている子は、家庭犬としては不向きな場合もあります。

一般的に「フレンドリーな犬は飼いやすい」とされていますが、それでも一番の基本は、人間と犬のフィーリング、相性が合うかどうか、ということです。愛犬と飼い主の出会いは運命ですから、実際に触れ合ってみて「どうしてもこの子を迎え入れたい!」と感じたかどうかを大切にするといいでしょう。

保護施設や保健所などから成犬を迎え入れたら、最初はなるべく距離をおいてそっとしてあげてください。そして、優しく声をかけるなどして、時間をかけ、少しずつ距離を縮めていきましょう。「危害なんて加えないよ。ここは安全だよ。安心して暮らせるよ」といったことを、繰り返し言葉と態度で示してあげてください。言葉がわからないから話しかけてもムダ、などと思ってはいけません。飼い主の態度や表情、声の調子で、犬はその内容をちゃんと理解することができるのです。

相手があなたに心を開いてきたら、愛情を注ぎながらしつけをして、飼い主がリーダーであることを理解させてください。

施設から迎え入れた成犬と関係をつくっていくには、長い時間がかかります。最初から覚悟のうえで迎え入れてあげることが大切です。

なんらかの事情で、他の家庭で飼われていた成犬を迎え入れるというケースもあるでしょう。犬は慣れ親しんだ家を離れ、今までの飼い主と別れ、まったく違う環境で新しい生活を送らなければなりません。この場合は、まずはその子が落ち着いて安心して過ごせる場所を確保して毛布などを敷いてあげます。そして、とにかく静かにしてあげることです。

いきなりあれこれ新しいことを教えようとすると、その子は困惑してしまいます。まだ誰がリーダーなのかもわからずに、不安でいっぱいの気持ちを理解してあげてください。ゆっくりと時間をかけることが必要です。

相手が環境に慣れ、あなたにも慣れてきたら、その家庭でのルールを愛情深く少しずつ教えていきます。それまで暮らしていた家で最低限のしつけができていれば問題はありませんが、まったくしつけがされておらず人に迷惑をかけるようなら、あなたと一緒に訓練できる方法で、ドッグトレーナーの力を借りてもいいと思います。

そして、少しずつ自分が信頼に足る新しいリーダーであることを教えてあげてください。これまでの飼い主との間で「心の絆」の深め方を知っている子ならば、あなたとも深い絆を築いていけます。もし飼い主との「心の絆」の深め方を知らない子であれば、あなたがゆっくりと時間をかけて教えてあげてください。

ペットにも「命の権利」がある

ヨーロッパなど海外には、犬と人間が幸せに暮らしていくための社会制度が設けられているところもあります。犬にも人間同様、犬として生きる権利が与えられ、暮らしやすくなっているのです。

しつけもそのひとつで、さまざまな自治体でしつけ教室が開かれています。犬を飼うほとんどの飼い主が、自治体のしつけ教室で訓練を受けられる社会環境ができているのです。日本でも、近年やっと動物愛護に関する社会制度ができつつありますが、海外に比べればまだまだだと実感しています。

海外のアニマルシェルターや保護施設では、きちんとお互いが幸せに暮らせるように、家族となる人の条件や相性を見ることがルール化されています。「飼い主になってくれる人なら誰でもいい」ではなく、飼い主と犬を何度か面会させて相性を見て、実際に飼えるような環境が整っているのかどうかをしっかり確認してから引き渡す、というシステムが確立されています。訪れた人間が「飼いたい」と言っても、相性が悪い、環境が整わない、と判断されれば引き取ることはできないのです。

また、法律で犬が見守られている国もあります。犬を飼うための生活環境が、室内と外にどのくらい整っているのかを行政が確認し、散歩をさせない飼い主、しつけをしない飼い主には罰金などが科せられます。イタリアのトリノ市の条例では、犬を1日3回散歩させないと罰金をとられます。

またドイツの歩道は犬と一緒に散歩できるように整備されているところが多く、イギリスの多くの公園にはフンを入れて始末するための袋と専用のゴミ箱が用意されていて、公園内にリードをつけなくてもいいスペースも確保されています。ペットショップで動物を商品として販売することを禁止する国も、ヨーロッパを中心に少しずつ増えています。

ペットを家族として愛し、ペットの幸せを心から願う飼い主は、日本にもたくさんいます。また、動物の生きる権利を守るために頑張っている団体も多数あります。しかし、残念ながら、むやみやたらと繁殖させては高く売れるものだけを売り飛ばす、という人たちも存在するのが現実です。

保護施設に関しても、国や政府が先頭に立って運営するような場所は日本にはまだありません。動物はなんの権利も持たずに、人間の所有物として扱われています。

これからの日本も、ペットの「命の権利」を法律的に明確に、各自治体に飼い主と愛犬が一緒にしつけを学べる場所を増やすなどして、社会制度を整備してほしいと思います。人間と動物が幸せに共存できるような未来を、心から願っています。

9 章

マロン

動物病院で悔し泣きした女性と、老犬の話

飼い主と獣医師も「信頼関係」が大切

獣医師をしているといろいろな飼い主に出会いますが、かかりつけの病院が決められず「あちこちの動物病院をわたり歩いてきた」というタイプの人がいます。

転院の理由はさまざまです。多いのは、診察時に自分が聞きたいこと知りたいことを獣医師が教えてくれないことに不満を持ったというケース、そして、治療時に意見を聞いてくれず、獣医師の判断だけで検査や治療をされてしまい不信感を持ったというケース。いずれも、望んだようなコミュニケーションがとれず、信頼できなかったということです。

わたり歩くというほどではなくても「かかりつけの先生は信頼しているけれど料金が高いので、健康診断、予防注射などは料金の安い動物病院にしている」と、2カ所の病院を使い分けている方もいます。

17歳になるマロンを連れて来院された日野さんも、転院されてきた患者さんのうちのおひとりです。マロンは、こげ茶色をした中型の雑種犬で女の子でした。日野さんは、このマロンを子犬のときに迎え入れたそうです。その後、近隣のかかりつけ病院で、定期健診、毎年の予防注射を受け、フィラリアの予防薬、ノミ・ダニの予防もここで行ってきました。警戒心が少ない子犬のころから通っていることもあり、マロンもかかりつけの病院に慣れていたそうです。

しかしあるとき、定期健診で血液検査を行ったところ、肝胆道系の酵素の数値が高くなっていることがわかりました。これといった症状があったわけではありません。しかし、「値が非常に高いのでくわしい検査をした方がいい」と言われました。ところが、そのかかりつけ病院には、内臓の状態を見るための超音波診断装置がありませんでした。そこで、先生の知り合いの病院を紹介してもらいました。紹介された病院で超音波検査をすると、胆嚢に貯えてある胆汁がよどみ、泥状になっていました。これを胆泥症といいます。治療のため薬を処方してもらい、ドッグフードを替えるなどした結果、マロンは次第に回復していきました。

それ以来、健康維持と予防は今までのかかりつけ病院、病気の治療は紹介された病院と、2カ所を使い分けるようにしていたそうです。

マロンは順調に年を重ねていきました。しかし、16歳を超えたある日、マロンの胸のところに数センチ大のしこりがあることに日野さんは気づきました。慌てて、かかりつけの病院で診てもらったところ、腫瘍と診断されました。このマロンはすでに16歳という高齢で、足腰は弱り肉付きも薄くなってきていました。それも考慮して、先生は「このまま様子を見よう」と言ったとのことです。

それから3カ月、日野さんは、ただ心配しながら様子を見ていましたが、しこりはどんどん大きくなり、数センチだったものが10センチにもなってきたのです。しかも、その一部分から出血しはじめていました。再度病院で相談してみたそうですが「結局何もできないし、寿命も長くないからこのまま腫瘍と付き合っていきましょう」と、消毒と抗生剤で再び様子を見ることになったのです。

しかし、だんだん出血は激しくなり、悪いことに表面がザクロのように割れて腐敗臭もしてきました。日野さんは、すがる思いで、もう一度先生に相談しました。そうすると先生に、

「だからもう何もできないんですよ。殺すつもりで手術するんですか」

と強く冷たい言葉を浴びせられたそうです。

「病気の治療」だけが獣医師の仕事ではない

世の中にはいろいろな獣医師がいます。性格も理念も先生によって違います。ただ、どんな獣医師でも「ペットを病気から守る。または救う」ということを念頭において仕事をしているはずです。どこの先生でも、ペットの診察や治療は熱心に行っていると思います。それでも「獣医師と飼い主の信頼関係が築けなかった」ということがしばしば起きるのは、やはり獣医師側にも問題があると思います。

ペットを病気から守り救うこと、これは獣医師にとって当たり前のことで、動物病院としての大前提です。けれどそれに加えて、ペットを心配し、悩んでいる目の前の飼い主と向き合うこと、そしてペット自身の不安を和らげることも獣医師の役目であり、それが動物病院の本来のあり方だと思うのです。

かつての私を含め、獣医師のなかには、病気そのものにばかり目がいってしまう先生もいます。家族やペットの不安や負担を考慮せず否応なしに検査を行ったり、治療の結果を出すため長期入院させてケージに閉じ込めて管理する、というケースも耳にしたことがあります。

もちろん、ペットと家族への負担やリスクを説明したうえで家族が望むならそれが正しい場合もあります。

しかし病気を治すことだけに焦点を当てた説明で、負担が大きい検査や長期入院をさせることはペットにとっても家族にとっても大きな負担になります。病状が深刻でなければ、ペットと家族に負担の少ない通院ですませる方法もあります。ペットが家族と離れて不慣れな病院の狭いケージに閉じ込められる心の負担を考えるべきです。

もちろん、状態がかなり悪いとき、もしくは家族が最初から積極的、徹底的な治療を望んでいる場合など、入院が必要なこともあります。けれどその場合でも、治療内容を飼い主によく説明し、飼い主のじゅうぶんな納得が得られたうえで入院してもらうべきです。さらに「入院中は可能な限り面会に来てペットを安心させてあげてほしい」ことを伝えた方がいいでしょう。

入院治療で回復が見られた場合はなるべく早期に通院に切り替える配慮もするべきです。家族が仕事で留守になる日中だけ預かり、夜は自宅に帰ってもらうという選択肢もあります。

ペットと家族に負担がかからない治療法や手術技術を、選択肢として提示することも獣医師としての務めです。新しい技術は次から次へと生まれています。獣医師は常に最新の技術情報を入手して、ペットと飼い主の肉体的、精神的負担を軽減できる選択肢をできるだけ多く持ち、病状や状況に合わせてどれが最善かを模索すべきだと思います。そのうえで、飼い主にそれぞれの治療法のメリットとデメリットを説明し、獣医師として最良と考える治療法を伝えつつ、飼い主が納得して選んだ方法を最優先することが非常に大切です。飼い主の気持ちに向き合い、ペットの負担をできるだけ軽くできる方法を一緒に考えていくことで、初めて信頼関係は生まれるのだと思います。強い信頼関係があれば、飼い主は動物病院を転々としなくてすみます。

獣医師がペットの病歴や治療、性格や習性などを把握していると、「この子にとって何が良いか」を提示しやすくなります。ペットも、慣れた病院でいつもの先生に診てもらった方が安心します。獣医師に大切なのは、いつでも愛を持って飼い主とペットの立場を考えることです。

信頼関係を築くために、治療前のインフォームドコンセントも非常に大切です。インフォームドコンセントとは、あらかじめ病気の説明や治療について「なぜ必要か？　期間はどのくらいか？　どんな効果が期待できるか？　どんなリスクがあるか？　費用はどのくらいか？」をわかりやすく説明することです。安心して治療に臨んでもらうためには欠くことのできないプロセスです。

今回の日野さんのケースは、獣医師が高齢のマロンを気づかっての判断でした。ですが、本当に「麻酔をかけての手術」か「様子を見る」のふたつしか選択肢はなかったのでしょうか？　出血し、腐敗臭がする腫瘍を胸に抱えたままのマロンをそのまま「見守る」ことしかできないのでしょうか？　マロンの肉体的な苦痛と、さらにそれを見ている日野さんの気持ちを考えたとき、根治はできなくとも、ふたりに寄り添える方法が見つかったかもしれません。

飼い主とペットを幸せにすることが獣医師の使命

冷たい言葉を浴びせられた日野さんは、あまりのショックに何も言えなくなってしまったとのことでした。家に帰ると悔しさが込み上げてきて、ただただ涙がこぼれ、泣きつづけたそうです。

「治せないなら治せないで仕方がない。けれど少しは私たち家族の気持ちを気づかったアドバイスがほしかった。なぜあんなに冷たい言い方をするの」

それからも日野さんは、毎日何回も傷口を消毒し、抗生剤を飲ませることしかできない悔しさ、悲しさを抱えて日々を送っていました。

そんなある日、日野さんのところに、友人から数年ぶりに電話がありました。しばらくおしゃべりに花を咲かせていると、その友人も犬を飼っているという話題になりました。友人宅のワンちゃんはある動物病院で手術を受けたことがあり、その病院は手術症例も多く、かなり高齢の動物の腫瘍手術もしていると言います。話を聞いた日野さんは、すぐにその動物病院に電話をかけ診察の予約をしました。それが当時の私の病院だったのです。

予約当日、日野さんがマロンを連れてやってきました。腫瘍は皮膚表面で大きくなり、はじけて出血していました。部屋には腐敗臭が漂い、マロンも傷口を舐めようと一生懸命でした。

血液検査を行うと、思ったほど異常な値ではありません。レントゲン検査や超音波検査でも特別な異常は見当たりません。しかし悪性腫瘍である可能性は捨てきれません。

私は、まず腐敗してしまった腫瘍に対してどのような治療法があるか、さまざまな選択肢を模索しました。そして治療例を挙げながら、それぞれの良い点や悪い点を確認しながら丁寧に説明しました。

「どんなことが不安か？　何が辛いか？　どうしたら気持ちが楽になるか？　どんな希望があるか？」など、日野さんの気持ちも聞きました。

「この子は高齢で足腰も弱っています。手術後麻酔から覚めず、そのまま逝ってしまわないかということが心配です。でも、この不快な出来物は取ってあげたい。矛盾しているのはわかっているのですが」

と複雑な思いを打ち明けてくれました。さらに「できれば寂しい思いや不安な思いもさせたくない」とも話されました。

私は正直、かなりの難しさを感じました。通常のメスを使用した切除手術では全身麻酔が必須です。腫瘍切除ともなれば、傷口も大きくなり入院してもらわなくてはなりません。しかし、日野さんの心を軽くして、マロン自身の不快感と不安な思いを取り除く方法があるはずだと、いろいろ考えをめぐらしました。

その結果、局所麻酔をして、腐敗してしまった腫瘍部分のみを、出血の少ない手術機器を使って短時間で切除するという方法が良いのではないかと考えました。局所麻酔は全身麻酔と違って、意識をなくすことなくその場所の痛みの感覚をなくすだけなので負担が大きくありません。足腰が弱り体力があまりない老犬でも耐えられます。最新の手術機器を使えば、切除部分を出血をさせずに短時間で手術できるので、局所麻酔での対応が可能なのです。さらに、出血・手術時間・術後の肉体的負担などが、はるかに少なくてすみます。しかも、終わったらすぐに家に帰れるので、日野さんもマロンも安心できるでしょう。

日野さんはこの提案にとても喜んでくださり、局所麻酔での切除を行うことに決まりました。

「心の治療」の原点

飼い主に寄り添う「心の治療」を心がけるようになったのは、ある人を知ったことがきっかけです。その人は「銀座まるかん」創設者で、日本一の実業家として知られる斎藤一人さん。斎藤さんは、幸せに生きるための教えや、心の楽しさと経済的な豊かさを両立させるための著書を数多く出版しています。私は斎藤一人さんやその教えを受けた人たちの著作のほとんどを読み、講演会の音声をすべて聞いてきました。斎藤さんの教えから、私は「今、目の前にいる人のことを喜ばせ、幸せにすることを実践する」ことが、私にとってもっとも大切であることに気づかされました。そこから学んだいくつかのことを紹介させてください。

「目の前の人をとにかく大事にして喜ばれることをする。幸せになる秘訣はこれしかない」

「人間が生きる目的は、人に愛を与えるため。与えることをせず、奪ってばかりいてはダメ」

「徳というのは、人の心が軽くなること、人の心が明るくなること。それができたら人徳が上がる」

「人は理屈で動くのではなく、感動で動く。自分のことを考えるのではなく、まずは目の前の人を喜ばすこと。人に幸せを与えること。そうすると与えたものが返ってきて、人を幸せにした人も結果的に幸せになる。これが、最終的に誰もが幸せになれるたったひとつの方法」

「目の前に現れて出会った人が天命であり、出会うべくして出会った人。その天命にまかせて人事をつくす。すると不思議と自分で思っていたところよりはるかにすごいところへ連れて行ってくれる。自分の魅力も上がる」

私は、こうした教えを「獣医師としての生き方に生かしたい」と願い、毎朝、仕事をする前に必ず思い出すようにしました。そして、病院で出会う飼い主とペットを喜ばせること。不安で落ち込んでいる気持ちに少しでも光を灯すこと。心を軽くすることなどができるよう、常に努めるようにしました。だからこそ、病気の説明や治療の方法などもゆっくりじっくり、目の前の飼い主が心から納得できるまで説明するように努めます。飼い主の気持ちや想いも聞きながら、一緒にどの方法が一番いいかを考えるのです。飼い主が納得のいく治療を行い、その結果が良ければ、飼い主は心から喜んでくれます。飼い主が喜ぶことで、私も嬉しさで胸がいっぱいになるのです。この嬉しさこそが、私の獣医師としてのやりがいなのです。

動物病院をわたり歩いてもかまわない

さまざまな理由から、いくつもの動物病院をさまよい歩く飼い主たちの話を聞くうちにわかったことがあります。それは「転院を繰り返すこと」と「ひとつの病院と長く付き合うこと」それぞれのメリットとデメリットです。

まず「転院を繰り返す」ことのメリットは、自分の考え方やフィーリングに合う獣医師を見つけられること、納得のいく治療法を探せることなどです。信頼できてフィーリングの合う先生はひとりだけとは限りません。探し回る価値はあります。

逆にデメリットといえば、愛するペットの病歴などをその都度、説明する必要があること、相性のいい先生が見つかるまで、あちこちの病院を訪ね歩き、多くの獣医師と話をしなければならないこと。ペットにとっては、毎回違う先生が自分に触ってくるので、不安やストレスが大きくなることなどがあげられます。

一方「ひとつの病院と長く付き合う」メリットは、獣医師との信頼関係が築きやすく、付き合いが長い分言いたいことが言える、病院スタッフとも仲良くなれる、病院でいつも会う人やペットとも仲良くなれるといったこと。また、ペットにとっては子どものときからずっと診てくれている先生なので、触られても安心できます。

デメリットは、ペットが重病にかかったとき、病院によっては対応できない場合もある、ということでしょう。また、言いたいことが言いやすい分、つい獣医師に八つ当たりをして、自己嫌悪になってしまったり、ペットが病気で亡くなったときに「他の先生に診てもらっていたらもっと良い結果になったのではないか」と後悔してしまう、などが挙げられます。どちらも、一長一短があるということです。では、どのように動物病院と付き合えばいいのでしょう。

日野さんのように「用途によって病院を使い分ける」ことも、動物病院と上手く付き合う方法のひとつです。人間が人間のお医者さんに通うとき「予防注射や風邪は近所のかかりつけ医」、大きな病気のとき、もっとくわしい検査が必要なときには大学病院など、と「使い分け」をするのと同じです。

まず、ペットが子どものときから診てもらっている獣医師を、かかりつけ病院と決めます。かかりつけ病院では、健康診断や予防接種や予防薬など、ペットの健康維持を中心にするのがいいでしょう。かかりつけ病院は、通院回数が多く長年の付き合いになる可能性が高いため、話していてフィーリングが合う先生であることが第一です。もし、現在のかかりつけの先生とウマが合わないと感じるのであれば、今からでも、かかりつけ病院を変えることは決して悪いことではありません。

また、かかりつけ病院を選ぶ際は費用のことも考えに入れておくとさらに安心です。普段の費用を考慮に入れておけば、大きな病気をしたときの出費に備えられます。通いやすさを優先して、なるべく近所の病院をかかりつけ医に決めるのもいいと思います。

ただ、すべてを満たそうとすると「理想のかかりつけ病院」を探すまでに時間がかかりすぎるかもしれません。かかりつけ病院は「通いやすいこと」「長い付き合いができそうなこと」「先生とフィーリングが合うこと」を念頭に置き、優先順位を決めてください。

「運命の獣医師」を納得できるまで探そう

かかりつけの先生からは、病気に応じて「専門の先生」を紹介してもらうのもいいと思います。もちろん、かかりつけの先生が専門医であれば、なんの問題もありません。しかし、獣医師はそれぞれ得意分野が違い、技術にも差があります。病院の規模などによって設備も違います。

それを踏まえて、最近では、人間の病院と同じように、専門医のいる2次診療施設との連携がとれる動物病院が増えてきていますから、安心してください。

もし、連携している動物病院がなかったり、紹介された病院でも納得のいく説明や治療をしてもらえなかった場合は、インターネットで探してみてください。ペットの病名を入れて検索するのがお勧めです。獣医師によって得意分野が違います。病院のホームページには、先生の得意分野の病名と治療法について専門的に載せていることが多いのですが、これはその病気の症例を多く扱っている証拠です。

ただ、先ほども書いたとおり、特定の病気の治療は得意でも、飼い主とペットの気持ちにはあまり気が回らない場合もあります。自分の耳と目で、その先生が丁寧に説明してくれ、人として親切で思いやりがあるかどうかを見極める必要があります。多くの飼い主は、ペットの体にも心にも負担をかけたくないでしょう。心配でたまらない飼い主の気持ちを理解できる先生のほうが、治療の選択肢をたくさん提示してくれる可能性がありま す。選択肢が多いと、飼い主として納得のいく治療法と出会える確率も上がると思います。

初めての動物病院に行くときは、事前に電話してみるといいでしょう。電話に出たスタッフに病気と治療について相談したい、と伝えれば、獣医師に聞きにいってくれるはずです。診療中でなければ、その場で獣医師と電話を代わってくれることもあります。電話でも直接話せれば、親身になってくれる先生かどうかは、ある程度の判断がつきます。

電話の時点で不快に思ったり不信感が出たりしたら、別の病院をあたってみるほうがいいかもしれません。また、電話をかけてみて「大丈夫」と思っても、いざ診察を受けてみて、「この先生とは合わないかも」と感じたら無理をすることはありません。やはり、飼い主であるあなたと獣医師のフィーリングが合うことが一番大事だからです。

信頼できるかかりつけ医から紹介された病院だったとしても、獣医師の人間性や、説明、治療法などに納得がいかなければ、遠慮なく違う病院を探していいのです。

納得のいかない獣医師に愛するペットの命を預けることは、大きなリスクをともないます。それは、ペットに万が一のことがあったときに「心のやり場」がなくなるというリスクです。その獣医師にまかせてしまった自分自身を責めてしまうかもしれません。または獣医師に恨みを持ってしまうかもしれません。後悔してもしきれない、私は飼い主にそんな思いをさせたくありません。

高い技術や高価な設備があっても、飼い主やペットの心に寄り添わず、治療を症例のひとつとして捉え、実績や利益しか考えない、などという獣医師はまずいないと思います。しかし、飼い主が現在の病院で嫌な思いをされているとしたら、ペットは必ずあなたのストレスに気づきます。これからペットの病と向き合い、一緒に闘っていかなくてはならない、もしかしたら何年もかかるかもしれないというときに、ともに闘うメンバーのひとりが信頼できない相手だったとしたら、その辛さは大きくなるばかりです。それに気づいたペットは、言葉にできなくとも不安になり、悲しみます。

いまや、高度医療を行う動物病院はどんどん増えています。ペットの病態に時間的余裕があるのならば、検索範囲を広げて、自分に、ペットに合った動物病院を見つけることをあきらめないでください。

ただ、どんな獣医師であれ、飼い主の側からも、信頼関係を築くための努力は必要です。努力といっても、実はごく当たり前のことです。まずは、疑問点や不安なことなどを、率直に、丁寧に投げかけてください。そして、それに対する先生の話には真剣に耳を傾けましょう。このふたつだけでじゅうぶんです。

そのように努めているにもかかわらず「合わない」と感じたときは、あなたの直感が正しいでしょう。飼い主が「こうしてほしい」と思っていても納得のいく説明なしに一つの方針だけにこだわる先生に、ムリに付き合わなくても大丈夫です。

飼い主の相談にきちんとのってくれて、考えと気持ちを組み込んだ選択肢を与えてくれる。そのような獣医師はたくさんいますから、自身にストレスのかからない先生を探してください。

ただし、一刻を争う状態で、緊急手術や緊急治療が必要な場合は別です。緊急性が高いケースでは、1秒でも早く治療を受けてください。「ほかの病院にも行ってみよう」と考えているうちに、取り返しのつかないことになりかねません。


用途によって病院を使い分けるのも、動物病院と上手く付き合うひとつの手段であることをお伝えしてきました。ただ、「2、3カ所回ったけど、フィーリングが合う先生がなかなか見つからない！」ということもあるでしょう。「私の要求が高すぎるのかしら」「妥協した方がいいのかも」と思うこともあるかもしれませんが、納得のいくまで、信頼できる獣医師を探すことも、ペットへの愛情表現のひとつですし、飼い主自身の「学び」のひとつにもなるはずです。

あなたの周囲に獣医師がたったひとりしかいない、ということはありません。友人や知人から情報を集めたり、直接病院に問い合わせたり、実際に受診してみたりして、自分の心に響く獣医師を探してください。

なかには相談したいことがあるのに「お忙しいでしょうから……」と獣医師を気遣って

遠慮する人もいますが、そんな遠慮は不要です。どんなに忙しくても、飼い主に対して丁寧に対応してくれる獣医師が見つかったら、その獣医師こそきっとあなたが求めている先生です。

動物病院との付き合い方は、ペットと同じように「心の絆」の結べる先生を選ぶべきです。そのような獣医師との出会いそのものも、あなたの人生において必然であり、運命の出会いとも言えるでしょう。どうしても納得できずにあちこちの動物病院をさまよってしまうことも、決して間違いではありません。

手術当日に家に帰れたマロン

さて今回のマロンですが、腫瘍の局所麻酔による切除手術は無事に終わりました。局所麻酔なので体力もさほど消耗していません。すぐに日野さんと面会してもらいました。マロンは、安心したように尻尾を振ってアピールし、日野さんも笑顔で体をなでていました。私はその様子を見ながら「なるべく傷口を舐めないように」などの注意点を説明して、

「抜糸まではここに通院してください。その後はかかりつけの病院に戻られても問題ありません」

と、お話ししました。日野さんは「ありがとうございます！」と何度も笑顔でお辞儀をして、その日のうちにマロンを連れて帰りました。

術後の経過も順調で、ついに抜糸の日を迎えました。マロンは、胸の大きな腫瘍がなくなったことでスッキリしたようです。日野さんも、辛そうなマロンを見守るだけしかできないもどかしさから解放されて、終始笑顔でした。

ただ、病理検査の結果、マロンの腫瘍は残念ながら悪性でした。日野さんは、覚悟はしていたようですがやはりショックを隠せない様子でした。私はマロンの今後について、

「積極的な治療で状況が良くなる可能性が高ければ、抗がん剤治療なども選択肢のひとつです。ただ、この子の場合は高齢ですし、抗がん剤の副作用や定期的な通院で体調を崩してしまう可能性もあります。今回の手術で、はじけてしまった腫瘍を取り除きましたから、この子の負担は、かなり少なくなったと思います。せっかく楽になっても、抗がん剤治療などで体調を崩すとＱＯＬ（生活の質）が下がり、この子がまた苦しい思いをする可能性もありますからこのまま見守っていく、という選択肢もあります。かかりつけの先生に抗が

ん剤を使って治療していくか、高齢の体に負担をかけないようこのまま見守るかを、相談してみてはどうでしょう」

とお伝えしました。日野さんは、大きく頷きながら納得してくださいました。

高齢ペットの悪性腫瘍の場合、積極的治療で根治を目指すよりも、まず現在の苦しさの原因になっている部分を切除して、生活の質改善を優先することがあります。切除した方がいいと考えられるのは、今回のように出血して腐敗臭がする腫瘍や、腫れあがって耐え難い痛みがともなう腫瘍などです。持続的な出血や腐敗臭や強い痛みなどがあると、食欲が落ちて行動にも支障が出るなど、ＱＯＬが落ちていくのが一般的です。

しかも、高齢犬の場合は抗がん剤によって体調を崩すこともありますし、体力も消耗しやすくなります。がんを叩くための抗がん剤によって食欲が落ちてＱＯＬが低下しては意味がありません。高齢である場合は、特に治療とＱＯＬのバランスが重要です。ですので、治療に対するメリットとデメリットをしっかりと獣医師に尋ねてから納得する治療をする必要があります。

日野さんとマロンは、この抜糸の日が通院最後の日となりました。

「今後は、今までのかかりつけ病院でマロンの人生を診てもらってください。何か不安なことがありましたら、私もいつでも相談にのりますよ」

日野さんは「本当にありがとうございます」と、数えきれないほどにお辞儀とお礼の言葉を繰り返しながら帰っていきました。その笑顔は心から嬉しそうです。獣医師になってよかった、心を込めて治療ができて本当によかった、と感じるのは、まさにこんなときです。

マロンは日野さんとともに、残りの人生を幸せに暮らしていけると信じています。

10章

小太郎

思春期にも寄り添い、
悩みをじっと聞いてくれた猫の話

子どもとペットの共同生活で注意すること

子どもがいる家庭にペットを迎え入れた方、ペットがいる家庭に赤ちゃんが生まれた方にお話を伺うと「子どもを育てるうえでとても良かった」という声をよく聞きます。

その反対に「動物は好きだし、子どもの教育にもいいとも思うが、ケガや病気をうつされないかが心配」という不安も持つ方もいます。特に赤ちゃんがいると不安が大きいようです。

実際、子どもがいる家庭の場合は、ペットを飼ううえで注意しなくてはいけないことがいくつかあります。子どもになんらかの動物アレルギーがある場合は、やはりその動物を飼うことをあきらめざるを得ません。

子どもが不用意にペットを触ることで、ペットを怖がらせたり怒らせたりして、嚙まれたり引っかかれたりする可能性もないとは言えません。ペットを飼う場合は、子どもにアレルギー反応の兆候がないかをよく見ると同時に、ペットへの接し方も早いうちに教える必要があります。

体毛がある生き物の場合は、どうしても空中や床に毛が撒き散らされます。喘息《ぜんそく》などの原因になることもありますから、日常からこまめな掃除が必要です。

飼う側の注意ばかりではなく、ペットの「立場」を考える必要もあります。ペットにとって、突然大声を出したり乱暴したりする小さな子どもはまさに脅威です。人間が「動物は子どもに何をするかわからない」と心配するのと同じように、ペットにとって「子どもはいきなり自分に何をするかわからない」不安な生き物なのです。

ペットは野生動物ではありませんから人間に慣れていて、かなり忍耐強い子の方が多いものです。赤ちゃんに耳を引っ張られたり馬乗りになられたりしても、じっと穏やかに寄り添う大型犬などの映像を見たことがある方も多いでしょう。しかし、どれだけ我慢強い動物でも、小さな子どもの予想外の行動にビックリして、反射的に反撃してしまう可能性もあります。子どもがいる家庭で、「子どもが引っかかれた」「噛まれた」というケースは、ほとんどの場合、子どもの突然の行動に原因があるのです。

また、赤ちゃんが生まれると、お母さんはどうしても赤ちゃんにかかりきりにならざるを得ません。お父さんも勤め先から帰れば、赤ちゃんのもとにまっしぐらになるでしょう。

犬や猫の場合、飼い主が自分に気持ちを向けてくれないと寂しがり、思わぬ行動につながることがあります。

犬も「やきもち」を焼くことがさまざまな研究ではっきりわかっています。飼い主が別の動物やぬいぐるみなどをかわいがっていると、犬は呼んでも来なくなったり、家具を傷つけたり、ときにはかわいがられている赤ちゃんにチョッカイを出すことがあります。犬は人間との関わりを非常に重要視します。ずっと自分に気持ちを向けてもらえないと、言うことをきく気がなくなり、自分に気持ちを向けてもらえない原因である赤ちゃんに、八つ当たりをしてしまうことがあるのです。

猫は犬と比べれば自立し気ままに生活していますが、まったくやきもちを焼かないわけではありません。よく、パソコンの画面や書類などに向かっていると、わざわざ作業中の画面や紙の上に座って、邪魔をしてくることがあると思います。あれは、飼い主の視線を自分に向けて気を引こうとしているのです。また、何かを訴えるように鳴いていても、飼い主が忙しくて無視すると、手が空いてから呼んでもふてくされて寄ってこないことがあります。名前を呼ぶと尻尾だけは動かしますから、飼い主の声に心が動いてはいるのですが、「かまってほしいときにかまってくれなかった」ことを根にもってすねているのです。

赤ちゃんが生まれて家族全員が赤ちゃんに夢中になったときにもすねて、飼い主に反応しなくなってしまうことがあります。

ペットの焼きもちなどを避けるためには、赤ちゃんにつきっきりになるときでも、できる限り「あなたも大切だよ。だからやきもちをやかなくていいんだよ」ということを教えてください。赤ちゃんに集中しなければならない時期でも、ひと息ついたときに、ペットの名前を呼び、笑顔で話しかけるだけでもいいのです。赤ちゃんが眠っているときに仮眠をとれるときは、ペットをそばに呼んでなでながら眠りにつくのもいいでしょう。余裕があれば、ペットをそばに呼んで話しかけながら赤ちゃんを見守る、という時間もとってください。お母さんが赤ちゃんからまったく手を離せない状態のときは、お父さんや他の家族が、ペットを意識的にかわいがるようにしてもいいと思います。お母さんが時間をみつけてペットにも愛情をかける、お母さんが無理なら家族がペットをいつも以上にかわいがる、ときには同じ部屋で赤ちゃんもペットも可愛がる時間を持つなど、それぞれに合ったスタイルをみつけてください。忙しいなかでも、ペットに「あなたに関心がなくなったわけではない」「嫌いになったわけではない」「赤ちゃんは敵ではない」ことを教えるのも大切です。

幼少時に出会ったペットとともに成長できる幸せ

ペットが赤ちゃんを傷つけないように、お互いを常に隔離しているという方もいます。確かに安全性を最優先するにはいい方法でしょう。しかし、それではペットが完全に孤立してしまいます。飼い主がそばにいるときに限っては同室にする、ケージから出すなどして、目の届く範囲で一緒にするといった工夫をした方がいいと思います。また、徐々にでも早い時期から赤ちゃんをペットに会わせることで、赤ちゃんとペットの関係性も築きやすくなります。

ただし、退院したばかりの新生児の場合は、感染症などに抵抗力が弱い状態です。万が一、舐められたり爪がかすっただけでも、感染症にかかりかねません。直接の触れ合いは、あるていど赤ちゃんの体力がついてからにした方がいいでしょう。

ペットも感情がある生き物です。人間同様、相手が他の人にばかり気をとられていれば、自分がないがしろにされたと感じ、傷つき、怒りもわきます。自分が目の前にいるのに、大好きな飼い主に無視されたとき、ペットがすねて怒るのは当たり前のことです。

赤ちゃんが生まれると家族はたいへんですが、家族の一員であるペットにも愛情をかけることを忘れないでほしいと思います。飼い主の愛がちゃんと伝わっていれば、ペットは赤ちゃんに故意に危害を加えることはないでしょう。それどころか、赤ちゃんの存在を群れの一員として認識して大事に思うようになります。

注意は必要ですが、ペットが子どもの成長を助けてくれることは間違いありません。子どもはペットの体に触れることで、生命のぬくもりや息遣いや鼓動を感じ取ります。人間とは異なる小さな命が一生懸命生きている姿は、子どもの心に「大切にしなくてはいけない」「自分が守ってやらなくてはいけない」という思いやりと、責任感を芽生えさせるでしょう。

言葉を話せない赤ちゃんとペットの間には、非言語のコミュニケーションが生まれます。目と耳を使って、お互いがお互いの姿やしぐさや声を確認して、心で話をするのです。赤ちゃんは生まれたときからペットと心の会話をするわけですから、ペットとの心の絆は強く、深くなっていくでしょう。ペットも、飼い主にとって赤ちゃんがどれだけ大切かをしっかりキャッチします。赤ちゃんが泣いたとき、一緒に鳴いて赤ちゃんをなぐさめようとする犬や、ママに知らせにくる猫は珍しくありません。大好きな飼い主に「あなたが大事にしている赤ちゃんの一大事」と、ちゃんとわかっているのです。「お母さんが忙しそうだから自分がかわりに面倒を見なくては」とさえ思っているようです。

心の絆は、犬や猫に限らずどんな動物との間にも築くことができます。ただ、同じ哺乳類でもウサギやハムスターは、わかりづらいかもしれません。また、鳥類も種類によります。爬虫類・両生類・魚類などは、さらに「コミュニケーション」がとりづらいでしょう。カメやイグアナの飼い主で「名前を呼ぶとたまに寄ってきてくれますよ」と言う方もいらっしゃいましたが、トカゲを飼っている方は「名前を呼んでも理解してくれないんです」とおっしゃっていました。

しかし、双方向のコミュニケーションが取れなくても、人間が一方的にでも愛情を注ぐこと、つまり無償の愛を与えることが人間の魂向上の助けにもなります。

アメリカ在住中、私も驚きの光景を実際に見たことがあります。ヘビの飼い主がペットの名前を呼ぶと、とぐろを巻いて休んでいた場所からスルスルと近づいてきたのです。

爬虫類や両生類や魚類の場合、餌もなしに声をかけるだけで寄ってきたのは偶然なのかもしれません。しかし「偶然」も含めて、それも絆だと捉えた方がペットにより愛着が深ります。

カブトムシなどの昆虫となると「絆」はさらにわかりにくいかもしれません。それでも、昆虫に餌や水を与え、ケースの世話などをしていれば愛着がわきます。世話をした昆虫の姿を見ていればどんな動きでも嬉しくなり、気持ちが癒やされます。夏休みに夢中になってカブトムシの世話をし、飽きることなくその姿を見つめている子どもたちもいます。生き物の世話をすることは、自分が世話をしなければ、その命が失われることをしっかり学ぶ機会でもあります。子どもは昆虫を飼う経験から、どんな小さな生き物でも、責任を持ってその生命を守るべきであることを知ります。寿命の短い昆虫であっても、この世で出会い、愛情をかけることで「心の絆」は築けるものです。そして、それこそが人間として天から与えられた使命なのです。

植物でさえ、名前をつけて毎日声をかけ愛情を注ぐことで、生育状態が良くなり見た目もきれいなる、とも言われます。「声をかけるとトマトが甘くなる」「いつも褒めるとバラはもっときれいなる」という話を耳にした方も多いのではないでしょうか。どうしても生き物が飼えないという環境ならば、植物を育てるのもいいでしょう。ひとつの生命に向き合い、愛情をかける大切さを子どものうちに学ぶことができます。

「言葉をかける」ということは、不思議な力を持ちます。無機物である水でさえ、「ありがとう」「きれいだね」というポジティブな言葉をかけ続けて凍らせると、美しい結晶をつくり、「バカ」「嫌い」といったネガティブな言葉をかけつづけると結晶の形が崩れる、という実験が話題になったことがありました。

「言葉」というのは、とても大きな、しかも科学的には説明できないような不思議な力を持っているように思います。無機物にさえ変化を与えるかもしれないのですから、犬や猫はもちろん、カメにもカブトムシにも、あなたの思いやりや愛情にあふれる言葉は必ず伝わります。それを子どもたちにも知ってほしいと思います。

赤ちゃんが成長してハイハイするようになったら、ペットを力まかせに叩いたりつかんだりしないよう、力の弱いうちからよく教え、叩かずになでることを教えてあげてください。

やがて子どもが言葉を理解できるようになったら、絶対に叩かないことと、大きな声で脅かさないことをしっかり教えてください。それによって、子どもは「この動物は自分よりも弱いものだ」ということを理解します。そして、優しい言葉をかけたりなでたりして

「かわいがる」ことの大切さを教えましょう。

ペットを通して「愛を与える」ことを学ばせれば、ペットも子どもに対して愛を与えるようになります。子どもはペットをかわいいと思い、ペットはそんな子どもを大好きになるでしょう。家族でペットを愛し、ペットに愛される生活のなかで、子どもはやがて「自分を大事にすること」「自分を愛すること」も学んでいきます。

ペットとの絆を知る子どもは、生命の大切さや人への思いやり、そして周りの人や自分自身を大切にする心が、その魂に刻まれます。それは、ペットが亡くなったあとにも決して消えません。

辛いことや苦しいことがあれば周囲に助けられ、幸せや楽しいことは周囲と共有できる、素敵な人生を歩むことができることでしょう。

さらに成長して学校に通うようになると、楽しさだけではなく勉強や人間関係などに苦しさを感じることも増えていきます。しかしどんなに困難な時期でも、ペットはその存在そのものが子どもたちの精神的支えとなってくれます。子どもにとってのペットは、遊び相手であり悩みを聞いてくれる相談相手でもあるのです。

特に犬や猫は子どもが落ち込んだり悲しんだりする感情を察知できます。犬ならば涙を舐めてなぐさめ、尻尾を振って全身で愛嬌を振りまきながら励ましてくれます。おもちゃを咥えて「遊んで、遊んで！」などと走ってきてくれれば、落ち込んでいた子どもも自然と笑顔を取り戻すでしょう。

猫も、そっとそばに寄ってきたり、頭をすりつけて励ましてくれたりします。暖かい場所でお腹を丸出しにして無防備に寝ている姿を見れば、子どもの気持ちも癒やされるはずです。

近年の研究で「動物と接することが、子どもの思いやりや共感という情緒を育む」ということもわかってきました。また、「性格の穏やかな犬がそばにいた場合、子どもの集中力が増して落ち着き、協調性が高まる」などといった報告もあります。

私も獣医師を目指して受験勉強をしていたころは、いつも飼っていたマルチーズを膝に乗せていました。なぜか安心感があり、勉強に集中できたことを懐かしく思い出します。

「うちでもペットが飼いたい」と子どもが言い出したら

小林さんの家族が飼っている茶トラのオス猫小太郎は、娘さんが生後1歳になったとき、家にやってきました。もともと小林さんの実家で飼っていた猫です。結婚と同時に新居に連れてくる予定でしたが、すぐに赤ちゃんができたため「赤ちゃんがある程度しっかりしてから引き取ろう」ということにしました。

小林さんは、娘さんが1歳になったとき、猫ちゃんを実家から連れてきたのです。1歳といえばまだまだ手がかかり、不安がないわけではありませんでしたが、ご夫婦は「娘の情操教育にもいいはず」と考えたそうです。

小太郎は当時、3、4歳の立派な成猫で4キロくらい。人慣れもしていました。小林さんは、日中は近所のご両親に娘さんを預けて仕事に行き、夕方迎えに行っていました。娘さんを連れて自宅に帰ると、小太郎はなぜか、小林さんのもとではなく、真っ先に娘さんの様子をうかがいに近づきます。周りをウロウロしたり、匂いを嗅いでみたりと興味津々の様子です。娘さんも、寄ってくる小太郎の背中を触ってみたり、頭をなでてみたりします。小太郎は触られても嫌がらず、それを受け入れていました。お互いが触れ合ってお互いの存在を確認している。そのような感じだったのでしょう。

1歳の娘さんにとって、小太郎はあとから入ってきた家族ですが、もともと小林さんと実家で暮らしていた小太郎にとっては、娘さんの方があとから入ってきた「後輩」です。小太郎はそんな後輩を、家族として認めたようです。娘さんの方も、小太郎を「人間とは違うようだけれど、命のある生き物なんだ」と、1歳なりに魂で感じ取ったようで、優しく接していました。とはいっても、まだ何もわからない子どもです。ときには力加減がわからず、小太郎の背中を強く叩いてしまうこともありました。小太郎は、強く叩かれるとビックリして逃げ出し、それを小林さんがたしなめます。そうしたことを何度か繰り返すうち、娘さんは、「強く叩くと、この生き物は嫌がって逃げるんだ」ということがわかり、小林さんにたしなめられることで「生き物が嫌がることをしてはダメなんだ」ということを少しずつ学びます。娘さんはやがて小太郎を叩かなくなりました。

子どもはペットとの暮らしのなかで、だんだん相手に対する思いやりや優しさを学んでいきます。自分より弱い生き物を感情のまま怒鳴ったり叩いたりすれば、怯えて自分から去っていくことがわかるようになるからです。それによって、感情のコントロールを覚え、気持ちが安定した大人への土台ともなるはずです。

娘さんはすくすくと育ち、小学生になりました。小学生になれば、体と体の触れ合いだけではなく、言葉によるさらに濃密なコミュニケーションができるようになります。学校から帰ると小太郎を抱き、なでながら話しかけます。小太郎は、表情や声のトーンや一部の単語などで娘さんの感情を理解し、スリスリしたりゴロゴロ喉を鳴らします。

さらに思春期にさまざまな悩みを抱えたときには、いつも小太郎を抱き寄せて話しかけました。抱き寄せた小太郎の体温が、娘さんの辛さ・寂しさ・悲しさ・怒り・憤り・迷いなどを癒やしてくれました。小太郎は娘さんの感情を読み取って頭をすりつけたり優しく鳴いて励ましてくれたりしていたようです。

15、16歳になった娘さんと話す機会があったので、小太郎との関係について聞いてみました。このとき、小太郎はもう18歳のおじいちゃんになっていました。

「私がひとりっ子だったからなおさら、この子は心を許せる存在です。ご飯をあげたりトイレの掃除をしたり、ねこじゃらしなどで一緒に遊んでいると、私とこの子だけの世界にいるようで、とても幸せです。幸福感ってこんな感じかなと思います」

これこそが理想の関係だなあと感じました。このような関係を築くことこそが、人間がペットを飼う本来の目的であり、天から与えられた使命だと思います。

子どものいる家庭でペットを飼う場合に大切なのは、前にも書きましたが「ペットと人間グループ」という関係ではなく、「ペットと長男」「ペットと末っ子」「ペットとお母さん」「ペットとお父さん」と、それぞれの関係を結ぶことです。家族のひとりひとりが、個々にペットと深い絆を結んでほしいということです。

そもそも人間の家族同士も、なんらかの魂のつながりがあって一緒になったのではないでしょうか。子どもは、偶然ではなくこの世に生まれ出る前に親を選んで生まれてくるとも言われます。そうした家族が個々に、さらにときには一丸となって補い合いながらペットに愛情を与えることが、もっとも良いことです。こうした家族同士、そしてペットは、亡くなってもきっとあの世でも再会することができるのではないでしょうか。

しかし、たまに「俺が飼い主だ。言うことをきけ！」と、一方的にペットを支配しようとする人がいます。家族がある人にも、ひとり暮らしの方にも、そういう人はいます。幸い、私が知っている飼い主のなかにそんな人はいませんでした。しかし、近年ペットの虐待や、多頭飼い崩壊など、飼い主の側に問題があるトラブルが増えてきています。

もともと人間は生まれる前から人生の筋書きが決められています。しかし、事細かく決められているわけではなく、ある程度のイベントは決まっているけれど、その都度の行動の選択権という自由意志を持っています。そのようなペットへの心ない行動をとる人たちは、おそらく後に何らかの報いや別の形での辛い出来事によって魂の学びを与えられるのかもしれません。今世で生き物を愛することができなかった分、魂の世界でしっかり反省して、来世では今世で傷つけてしまった子たちの分まで愛してほしいと願います。

ただ、前世で動物に縁がなかったからといって、みんながみんなこのような命の尊さを知らない大人になるわけではありません。小さいころからペットと接し、命の尊さをしっかり教えてもらうことができれば、誰でも生き物の愛し方、人の愛し方、自分の愛し方を学び、成長できます。

前世で動物に縁がなかった人や上手く動物と付き合えなかった人は、生き物に愛を与えることをこの世で学ぶために、それを教えてくれる両親を選んで生まれてきたのかもしれません。

ペットは子どもと家族を成長させてくれる

小林さんの娘さんと小太郎は、その後もずっと絆を深め合っていきました。

小太郎が13、14歳のとき、水をやたらとたくさん飲むようになり何回か嘔吐して来院したときのことです。検査の結果、年配の猫に多い慢性腎不全でした。

通院治療がはじまり、小太郎は小林さんと娘さんと他のご家族の愛に支えられ、20歳まで頑張り魂の世界に帰っていきました。たくさんの愛に囲まれ、幸せな一生だったのではないかと思います。

小林さんの娘さんは1歳のときに小太郎と出会い、「生命」に触れることができました。そして、魂で愛を学びペットとの間に心の絆を結びました。きっと思いやりのある素敵な大人の女性になっていることでしょう。

もし、赤ちゃんや小さなお子さんがいるご家庭で「ペットを飼いたい」と思うのなら、リスクばかりを心配せず、一度よくご家族で検討してみても良いのではないでしょうか。

犬を選ぶのならば、赤ちゃんやお子さんのために、あまり吠えない穏やかな性格の小型犬がお勧めです。室内で大型犬を飼うことも不可能ではありませんが、力も強く鳴き声も大きいので、特に赤ちゃんや小さいお子さんがいるご家庭ではお勧めできません。

猫の場合は、爪とぎやジャンプがあまりに激しい子は、赤ちゃんの顔の上に乗ってしまう危険性もあります。比較的おとなしい性格の子を選ぶようにしてください。一般的にメス猫の方がおとなしく、またオス猫の方が甘えん坊だと言われています。

犬種・猫種・性別に限らず、動物の個性はさまざまです。保護施設のスタッフなどの話をよく聞き、実際に相性を確かめてから迎え入れるという方法も良いと思います。

犬猫以外のペットを飼う場合は、その生き物の特性や習性をよく調べて確認することが必要です。赤ちゃんや小さい子への影響も、知識が豊富な方によく聞いて、ケージなど安全な環境を確保すれば飼うことができます。実際に抱いたりなでたりして触れ合いにくい動物であっても、いつくしみ、大切に世話をすることで、生き物と人間の間に心の絆は築けます。

どんなペットを飼う場合でも、特に赤ちゃんや小さいお子さんがいる場合は、最初にきちんとした予防接種や予防薬を投与しておくことが必須です。近所で野良猫を保護して赤ちゃんとすぐ同居させることは、感染症にかかっているリスクが高く、また猫の攻撃性を考えても、好ましくありません。赤ちゃんがいる家庭で野良猫を保護したら、すぐに自宅に入れず、まず専門家に相談するなり預けるなりしてその後のことについて相談し、飼いたいのであればきちんと指示を仰ぐのがいいでしょう。もちろん、飼うことが決まれば、病院でしっかりと検査をして、感染症などがあれば治療を行い、病気にかかっていなくても予防注射をし、予防薬をもらうなどしてから家に入れてあげてください。

もともとは飼っていなくても、子どもが成長の過程で「うちでもペットを飼いたい」と言い出すこともあるでしょう。いろいろな事情で、すぐには賛成できないケースも多いと思いますが、頭ごなしに「うちは狭いし忙しいからダメ!」「どうせ自分で面倒を見られないからダメ!」と拒否しないであげてください。ペットを通して親御さんが優しく「命への責任」を教えてあげるのも教育のひとつです。飼えないなら飼えないで「なぜ飼えないのか」をよく説明し、「別の動物ならば飼えるかもしれない」という選択肢も、子どもと一緒に家族で話し合ってみてください。高齢者がペットを飼う場合の注意については前述しましたが、それと同じように、現在の家庭状況、住居の状況などを冷静に判断し、ルールのなかで可能な方法を探ってみてください。考え抜いて飼ったペットであれば、それが、最初に子どもが望んでいた動物ではなかったとしても、きっと家族それぞれとの絆を築き、家族全員に愛をもたらしてくれるはずです。

子どもの希望をきっかけに動物を飼うことに決めた場合は、まず、病気の予防や世話の仕方に関することをしっかり子どもに説明し、健康診断・感染症の検査・予防注射・予防薬・不妊手術の大切さを伝えましょう。さらにしつけにあたって大声で怒鳴ったり叩いたりしてはいけないこと、動物はすぐにできなくて当たり前だということ、いくらかわいくても食事中のペットにはチョッカイを出さないこと、などを繰り返し教えてください。これらは、子どももペットもケガをせず、幸せに暮らすための最低限のルールです。

どの種類の生き物でも、抵抗力が弱い子どもに一番怖いのは病原菌です。動物と楽しく触れ合ったあとは、石鹸でしっかり手洗いしうがいをすることも習慣づけてください。ペットと遊び、そのまま食事をすることも避けてください。注意点やルールを守らせることはもちろん、世話をさぼらせないことも、生命の尊さを魂で知る学びとなります。

もし、あなたの子どもが「ペットを飼いたい！」と言い出したら、どんな動物でもいいですから飼うことを検討してあげてください。ペットとの間に心の絆を築き、お互いに深め合うことは、「愛」を知ることです。それはきっと、お子さんだけではなく、家族全員の成長にもつながるでしょう。

関　まさひろ

茨城県つくば市生まれ。高校卒業後、北海道の酪農学園大学へ進学し獣医師を目指す。獣医師資格を取得し、小動物診療に従事するも「治療する」行為がペットにストレスを与えていることにジレンマを感じ、よりペットにやさしい治療を求めて渡米。米国ルイジアナ州立大学獣医学部にて小動物外科研修を受ける傍ら、米国内の動物病院施設において最先端手術技術を習得し帰国。国内で再びペットの診療に携わり、動物への肉体的・精神的負担の少ない治療だけでなく、家族である飼い主の心を軽くする診療を行う。現在、国内各所の動物病院で外科手術を行いながら、同時にペットの飼い主向けのカウンセリングも行っている。

関まさひろOFFICIAL SITE
https://www.sekimasahiro.com

会えなくなっても、ずっといっしょ
家族とペットの10の奇跡の物語

2019年10月10日　初版発行

著　者　　関 まさひろ
発行者　　佐藤俊彦
発行所　　株式会社ワニ・プラス
〒150-8482　東京都渋谷区恵比寿4-4-9 えびす大黒ビル7F
電話　03-5449-2171(直通)
発売元　　株式会社ワニブックス
〒150-8482　東京都渋谷区恵比寿4-4-9 えびす大黒ビル
電話　03-5449-2711(代表)
イラスト　　ももろ
デザイン　　喜安理絵
出版プロデュース　　吉田浩
編集協力　　潮凪洋介・かがみやえこ
印刷所　　中央精版印刷株式会社

ISBN 978-4-8470-9831-4